有趣又好读的
管理学

|梦 芝◎著|

MANAGEMENT

应急管理出版社
·北京·

图书在版编目（CIP）数据

有趣又好读的管理学/梦芝著. -- 北京：应急管
理出版社，2020

ISBN 978 - 7 - 5020 - 8275 - 8

Ⅰ.①有… Ⅱ.①梦… Ⅲ.①管理学—通俗读物
Ⅳ.①C93 - 49

中国版本图书馆 CIP 数据核字(2020)第 155566 号

有趣又好读的管理学

著　　者	梦　芝
责任编辑	高红勤
封面设计	久品轩

出版发行　应急管理出版社（北京市朝阳区芍药居 35 号　100029）
电　　话　010 - 84657898（总编室）　010 - 84657880（读者服务部）
网　　址　www. cciph. com. cn
印　　刷　三河市金泰源印务有限公司
经　　销　全国新华书店

开　　本　710mm×1000mm$^1/_{16}$　印张　15$^1/_2$　字数　199 千字
版　　次　2020 年 9 月第 1 版　2020 年 9 月第 1 次印刷
社内编号　20200715　　　　　　定价　48.00 元

前言
preface

被誉为"经营之神"的松下幸之助说过一句话："企业最大的资产是人。"而管理学又是一门研究人类在社会管理活动中出现各种现象和规律的学科，因此管理者带领企业和团队离不开管理学理论的支撑。企业管理人员想要把企业做大，把团队带好，就需要精通管理学理论。

在岁月的长河中，有无数博学多才的学者和有胆有谋的企业家为管理学做出了卓越的贡献，他们总结出大量的管理学理论，让管理学成为一座名副其实的宝库，让后来者在这座宝库里寻觅到了管理团队的"真经"。

本书精选了其中的几十条理论，以丰富的案例和通俗的语言，为读者深入浅出地分析管理学理论的奥秘，主要有四大鲜明的特点：

第一，作者摒弃传统的管理学分类，根据每条理论的实用性，根据管理工作的八大职能——计划、信息、协调、指导、沟通、决策、执行和创新，将管理学理论进行分类，以此搭建出本书的主体脉络。而且这八个板块根据管理步骤，循序渐进、环环相扣，读起来逻辑清晰、条理分明，能够让读者对管理工作的每一个程序都有明确的认识和掌握。

第二，管理学理论难免有些枯燥晦涩，为了提升读者的阅读兴趣，本书在每一条理论的文章开头都配有一则幽默故事，并采用该理论解读这则幽默故事，让读者在会心一笑的同时轻轻松松地读懂该理论。

第三，为了让读者有更深的体会，本书还在每条理论解读中融入两到三个相关的管理案例。这些案例涵盖了中国、美国、日本、英国、以色列等多个国家和地区的著名企业及其管理者，让读者领略到世界各地的优秀管理者面对同样的管理问题时会采取怎样不同的管理方法，又分别带来怎样不同的效果。

第四，我们学习管理学就是要学以致用。为了方便读者使用这些管理学理论，作者在每篇文章的结尾都设立了一个日常应用板块，里面有根据该条理论延伸拓展出的实际操作，让读者不只是读懂管理学，还会灵活应用管理学。

人类世界是一个不断变幻的空间，针对人的社会活动所诞生的管理学更是一门动态的学科。想要把管理学理论用到实处，就要站在时代发展的前沿，结合自身企业或团队的特点进行操作和应用。

最后，祝各位轻松掌握管理技能，把自身、团队和公司打造得更好！

目 录
Contents

第三章　协调篇：积极对待冲突，让员工跟上你的步调

第四章　指导篇：因才任用，实现高效率管理

第五章　沟通篇：换位思考，做上下级之间的桥梁

第六章　决策篇：认清管理对象，直面世界真相

第七章　执行篇：执行有标准，结果不走样

第八章　创新篇：挖掘动力，让你立于不败之地

第一章　计划篇

运筹于帷幄之中，决胜于千里之外

木桶理论：占领售票处

美国内战时期，约翰·布朗率兵起义，政府司令官部署队伍应战，并制订出完美的作战计划：上校率兵驻守公路，上尉率兵驻守铁路。

司令官的计划无懈可击。然而在战争中，敌人却如潮水般涌出铁路口，政府部队节节败退。

气恼的司令官八百里加急把上尉催回来，问他究竟是怎么回事。

上尉也很困惑："司令，我也不清楚怎么回事，我可是严格按照您的吩咐去做的。"

司令官问："你和你的士兵在干什么？"

上尉理直气壮地说："我们接到命令后，就迅速占领了售票处，并烧毁了全部车票。"

🎙 趣味点评

一般人的惯性思维里，要想通过铁路，需要去售票站买车票。上尉想当然以为占领售票处并禁止售卖车票，就能阻止敌人通过铁路，显然这个决策荒唐又滑稽。司令官的部署本来是一个很完美的作战计划，却因上尉的愚蠢而失败。这种由于组织中某一下属的失职造成组织巨大损失的行为，管理学称之为"木桶效应。"

♟ 管理学解读

一只木桶能装多少水，并不取决于桶壁上最高的那块木板，而是由桶壁上那块最短木板决定的，这就是"木桶理论"。这个理论是由美国管理学家彼得·德鲁克提出来的，这个理论告诉我们：一个公司或团队的短板，是决定其价值的关键因素，优势部分能够让组织某一方面向前发展，但劣势部分却能让组织水平整体下滑。

美国某食品饮料公司素有"全球最受赞赏饮料公司"的美誉，发展势头非常迅猛。然而，就是这样一家全球闻名的公司，却在进入中国市场时受阻，而差点让该公司在中国市场败北的，就是管理学中提到的"木桶效应"。

在刚进入中国市场时，该公司高层安排一名很优秀的美国人做中国区负责人。由于这名负责人对中国人有极大偏见，认为中国人根本不可能胜任公司的工作，所以他走马上任后制订的第一个计划，就是绝不招聘中国籍员工，而是让美国籍员工学习中文。当这些美国籍员工不远万里从美国来到中国，却发现根本不懂中国本土文化，他们的产品无法取得中国消费者的认同，销售业绩十分惨淡。

幸亏公司高层很快认识到了这个问题，迅速换掉了那个负责人，取而代之的是熟悉中国本土文化的一名负责人。这位负责人生于中国，长于中国，熟悉中国市场的发展和顾客需求。他不但把员工都换成中国人，还把所有的制作、渠道、发货和物流等业务都外包给擅长这些领域的中国本土企业。这位新负责人还请来了娱乐圈最具粉丝流量的明星做代言，而且还去各地做公益活动。在这位新负责人的管理下，该公司很快打开了中国市场。

在这则公司管理案例中，我们可以看到上面那则幽默故事中"木桶理论"的真实再现：美国那位公司高层相当于指挥官，前负责人相当于上尉。指挥官的计划是完美的，中国市场很大，一旦打开中国市场，该公司的产品销售量就会呈 N 倍地上升。但他没有仔细考察前负责人是否了解中国市场，也就是没有考量到他的短板。

公司安排的前负责人尽管很优秀，但他对中国市场的了解很狭隘，这是他的短板，就像那个上尉一样。而在接下来的管理过程中，他把这个短处放大了无限倍，乃至于整个公司在中国的发展都受到极大限制。公司高层意识到这位负责人拉低了组织的整体水平，于是，马上做出"撤掉这块短板"的决定。这个决定犹如"亡羊补牢"，犹时未晚。最终，新负责人用恰当的管理思维事半功倍地转扭了公司的绩效。

新负责人为避免跌入"木桶理论"泥潭，运用了"长板理论"。他深深懂得外国企业到了中国，在渠道、物流等方面不但缺乏成熟的体系，也缺乏丰富的运作经验，于是他把这些短板业务都外包给了本土公司，自己只抓品牌运营。在互联网时代，垂直细分会让短板更短，长板却可以做到极致。新负责人请来娱乐圈最有粉丝流量的明星做代言，又去各地做公益，很快就把品牌运营做到了极致。而他外包出去的那些业务，也因为外包方是所在领域的长板，所以做得非常出色。

👍 日常应用

管理者对下属委以重任时，一定要对其能力做到心中有数，团队中某一个下属的失职，会给团队造成巨大的损失。想要杜绝自己的计划被下属耽误，在日常管理中可以这样做。

1. 撤掉短板换长板

像前面案例中那样，调离能力不足的员工，换用精通该项目的员工来担任这项工作。

2. 固强补弱，消除制约

当发现员工有短板却又不得不任用时，就要想方设法提升他的能力，补齐他的短板，最终将劣势转换成优势。

列文定理：未来的路很长

一个男子要跳楼，警察赶到后询问他跳楼原因。

男子说："结婚前，所有人都告诉我，结婚是一件幸福的事情。可我结婚一年了，却经常吵架，而且每次都以我挨揍结束战争。后悔的滋味太难受了，不如一死了之。"

警察安慰道："小伙子，看开点儿，你还有父母，未来的路还很长。"

男子被警察的话打动，面露犹豫之色。

这时，闻讯赶到现场的妻子冲着楼顶大声喊道："老公，你不要死，我们未来的路还很长……"

妻子话未说完，丈夫便毫不迟疑地纵身跳了下去。

🎙 趣味点评

丈夫受不了妻子的折磨，但又舍不得放弃生命，所以才会在楼顶犹豫不决。可他没有能力掌控自己未来的生活，特别是听到妻子提到未来时，让他更加确信这一点。为了不让自己余生都在后悔中度过，他用跳楼结束了一切。这虽然只是一个笑话，但却生动地诠释了法国管理学家P. 列文的那条管理学定理——"列文定理"。

管理学解读

"列文定理"指的是如果没有能力去统筹和把握，就只有时间去后悔。经营企业和经营婚姻有异曲同工之妙，而经营的核心就在于决策。一个管理人员的决策有没有成效，取决于他有没有能力去计划和统筹。

说到管理者，英国首相可以说是典型代表。一般的企业管理者只是管理一个部门，而英国首相管理的却是一个国家。英国首相在治理国家的过程中经常运用管理学理论，这些理论帮他们把国家管理得井井有条。但也有首相进行着糟糕的管理，形象地诠释了"列文定理"，比如卡梅伦和他的脱欧项目。

卡梅伦是一个优秀的管理者，他 39 岁时就凭借优秀的管理才能，一举当选为保守党的领袖，5 年后，他又被选为英国首相。从上任那天起，卡梅伦就大刀阔斧地对英国进行了一系列改革：解决国内失业人员问题，加快削减财政预算赤字，让经济复苏起来，让不同种族之间的居民和谐相处等。在卡梅伦的领导下，这些问题都得到了改善。英国民众很相信卡梅伦的管理能力，《福布斯》全球最具影响力人物排行榜上，卡梅伦名列第十，可见他的管理才能得到了公众认可。

然而，在卡梅伦一帆风顺的管理生涯中，"脱欧"绝对算得上是一大败笔。英国和欧盟之间的历史渊源由来已久，早在卡梅伦接受首相职位之前，英国历代首相为了加入欧盟，以及协调欧元和英镑之间的矛盾，付出过诸多努力。但卡梅伦在任期间，竟提出"英国脱欧"计划。

英国国内的局势让卡梅伦面临失去民心和竞争失败的风险，此时，卡梅伦做出一个错误决策：公投脱欧！他以为这样就能震慑欧盟，赢得国内人民的心。这就好像上面那则幽默故事里的那个小伙子，以为结了婚就会过上幸福生活。但他低估了合作伙伴——妻子的配合度，导致婚后生活非常痛苦。而卡梅伦也低估了英国民众脱欧的决心。

虽然身为堂堂一国的首相，掌握着整个国家的政治命脉，但公投后的结果却远远超出了卡梅伦的掌控范围，局面越来越失控，卡梅伦回天乏术，最终不得不辞掉首相职务。和那个结了婚却又不能掌控自己未来的小伙子一样，在接下来的日子里，卡梅伦将在后悔中度过。

所谓管理，是能力和决策的体现。没有把握局面的能力，面临竞争时就会犹豫不决，即使做出计划，也不一定是战略性的决策，最终只会使企业发展停滞不前。管理者在做每一个决策之前，一定要衡量自己有没有能力去统筹和把握这个决策，否则就会一着不慎，满盘皆输。

日常应用

管理，是能力的管理，而非才能的管理。如果不想做出错误的决定，那么管理者就要在日常管理中做到以下几点。

1. 了解发展局面，根据走向做计划

在做一项决策之前，先了解清楚全局走向，根据该走向做出正确的计划和准备，这样就可以有效避免做出错误决策。

2. 提升能力，让自己充满自信

卡梅伦在公投脱欧后不久就提出辞呈，这是他在缺乏力挽狂澜的信心下慌乱做出的又一个决定。作为一个决策者，要在工作中不断提升自己的能力，这样才能让自己充满自信，避免工作中出现慌乱无力的现象，从而让工作能够顺利进行。

蓝斯登原则：项目经理被投诉

公司休息室里，销售员对翻译官说："今天收到总部消息，说以色列地区项目暂停，项目经理正在挨批评呢。平日里他经常找咱们的茬儿，看到他现在这样的下场，真解恨！"

翻译官意味深长地说："我早就料到他有今天，以色列客户早该投诉他了。"

销售员好奇地问："你怎么知道他是被以色列客户投诉了？"

翻译官得意地说："他每找茬一次，我就把他请客户吃猪肉的事情翻译给客户听。"

🎙 趣味点评

项目经理作为一名管理者，总是摆出一副高高在上的姿态，对下属吆五喝六，甚至没事找茬，以为这样就能树立权威。他忽略了管理是对人的管理，他这样的做事方法只能引起下属怨恨。当下属不能在舒畅的环境中工作时，轻则辞职，重则报复，就像翻译官做的那样。

管理学家注意到这个现象，提出"蓝斯登原则"——给员工快乐的工作环境，他回报给你的是高效的工作效率。反之，则是暗箭。

♟ 管理学解读

"蓝斯登原则"是由美国管理学家蓝斯登提出的。他说："在管理方面，一个人要进退有度，才不会进退维谷。作为一个管理者，只有让你的下属在愉快的环境中工作，才能心情舒畅，从而避免内心的抵触，工作才能顺利地进展。"

在这个快速发展的互联网时代，企业外部的良好发展，必须依赖于企业团队内部的稳定。一个内部稳定的团队，其领导者一定是进退有度的人，一定是能够给员工提供一个快乐工作环境的人。

中国的互联网企业中，规模最大的当属阿里巴巴。马云是阿里巴巴的创始人，更是最高层的管理者，同时也是一名有着丰富管理经验的管理者。

在 2019 年 9 月 10 日这天，马云辞职，不再担任阿里巴巴集团董事会主席。他的离开引起集团上下的不舍，尤其在他发表辞职演讲之后，团队里不舍的气氛更是达到高潮。马云心里清楚，自己是这个团队的核心，如果因自己离开，而让这种不舍情绪一直蔓延下去，就会影响到团队工作，于是他想了一个把大家的快乐情绪都调动起来的好办法。

在年会上，他穿着一身朋克风上台，为员工们放声歌唱了一首《怒放的生命》。在歌声中，大家都哈哈大笑，并跟着节奏打起了拍子，员工们的不舍情绪一扫而空。马云说："这就对了。我们来到这个世界不只是工作，还要享受人生。我们是来做人，而不只是做事。所以我们要先快乐地活着，然后才快乐的工作。"

马云用自己的幽默诙谐淡化了员工们对他离别的不舍情绪。年会过去一个月后，员工们说起马云的辞职，脑海中回荡的依然是年会上他带给大家的快乐回忆，管理者的换届对于员工并没有造成不良影响，人心也未出现动摇。作为一个管理者，不只是自身的管理问题会影响下属的工作情绪，更多的时候，来自外部的压力也会让员工变得消沉或紧张。

苏联领导人赫鲁晓夫在竞选中央第一书记时，受到了来自国内各个阵营的反对。尤其在竞选前夕，整个竞选气氛的紧张程度达到了高潮。赫鲁晓夫察觉出这一点，他对大家说："目前这种局面，只有聪明绝顶的人才能赢。大家说是不是?"众人连连点头说:"是。"

"那胜利一定是属于咱们的。"赫鲁晓夫自信地说。众人表示不解。赫鲁晓夫指了指自己的光头,笑着说:"看我都绝顶这么多年了,足够聪明啦!"听了他的话,所有人都会心地笑了起来。

当一个团队面对的都是指责声,团队整体氛围也会变得很紧张,团队的每一个人都会处于焦虑和担心的状态,部分员工甚至会产生抵触和消极的情绪。赫鲁晓夫用自己的光头作为幽默素材,让工作人员开怀大笑之余,也让他们看到了他的豁达和自信。

无论是现在的马云,还是过去的赫鲁晓夫,都是精通"蓝斯登原则"的管理者,他们巧妙地化解了员工的负面情绪,打造出愉快的工作环境,这种愉悦淡化了员工内心的抵触情绪,营造出了自然而放松的工作氛围,员工也由此对未来充满了希望。

幽默故事中的项目经理,以为对下属吆五喝六就能树立威信,这种想法是错误的,那样只会让下属感到压抑,甚至心生抵触和反抗情绪。只有像马云和赫鲁晓夫那样,让员工在快乐愉悦的环境中工作,团队才能积极健康地发展。

👍 日常应用

作为一个优秀的管理者,只有让你的下属在愉快的环境中工作,他才能心情舒畅,工作才能顺利进行下去。做到以下几点,有助于打造愉悦的工作环境。

1. 做下属的朋友

与下属相处时切忌板着面孔,而是要像朋友那样具有亲和力。冷冰冰的面孔,只会给下属一种距离感和压迫感,会让他们感到压抑。一旦觉得压抑,员工就不可能全身心投入工作,工作效率也会降低,甚至会选择逃离这种氛围。

2. 要有宽容心

人无完人，当下属做事情未能达到你的预期时，要用宽容心去鼓励，而不是责备、打压。你的鼓励能够让员工直面自己的缺点并努力加以改正，一味责备和打压只会适得其反。

3. 苦乐共享

身为管理者，有必要了解和关心下属的生活情况和工作状态。在他们需要帮助的时候鼓励他们、安慰他们并给予帮助，做到苦乐共享、其乐融融，在这种和谐温暖的工作环境下，下属工作起来自然高效。

苟希纳定律：裁掉的不是兄弟

公司老总在年会上说："我们永远不会开除任何一个兄弟。"

员工们听了都很高兴。

半年后，公司宣布裁员。员工们群情激愤，质问老总。

老总笑答："我们裁的可都是女员工。"

🎙 趣味点评

没有人希望裁掉自己的员工，所以老总才会说出那句"不裁掉兄弟"的话。但作为企业管理者，又必须解决人员设置不合理的现象。在管理中，如果实际工作人员比最佳人数多两倍，工作时间就要多两倍，工作成本相应要多四倍；如果实际工作人员比最佳人数多三倍，工作时间就要多三倍，工作成本相应要多六倍。

幽默故事中的老总，为了企业发展，不得不裁员。管理者想要把企业利益最大化，就必须降低工作成本。这就是管理学中的"苟希纳定律"。

♟ 管理学解读

做过管理者的人都知道，工作效率的高低和员工的多少并不成正比，而是取决于员工的才能。用最少的员工，做最有效率的工作，获得最大的回报，这是每个管理者梦寐以求的，所以他们在管理过程中会经常采用"苛希纳定律"。

在投资界，最受股神巴菲特推崇的是 3G 资本，而把"苛希纳定律"用到最为极致的也是 3G 资本。甚至可以说，正是因为将"苛希纳定律"用到了极致，3G 资本才能在投资界占据重要地位，受到巴菲特的推崇和青睐。一直以来，3G 资本都在默默从事管理投资，几乎不被外界所熟知。2015 年，股神巴菲特和 3G 资本联手收购了亨氏番茄酱和卡夫食品，这成为食品业史上最大的并购案，3G 资本也由此进入世人的目光。

3G 资本的三个创始人被称之为"巴西三剑客"，在成立 3G 资本的时候，这三个人毫无从商经验，但是他们深谙管理学中的"苛希纳定律"。

他们刚开始收购的都是破败企业，这些企业都是因为管理不善而破产。巴西三剑客利用极少的资本将它们购买下来。他们没有变更企业的业务，而是在员工管理上下功夫。在他们大刀阔斧的管理改革之下，企业主管和大多数员工都被裁掉，只留下能助力企业发展的主管和员工。其中有一家企业的主管被他们开除了九成，只留下一成，但就是这一成主管，却在八个月内让公司的价值翻了二倍以上。

这个事实生动地说明一个道理：一家企业的发展，是由管理者的企业经营理念所决定的。3G 资本留下少量的员工，工作成本降低了，这些员工又都很有实力，工作效率也提升了，公司利润自然也就大幅增加。

然而，在很多企业中，管理者都会犯"十羊九牧"的错误——1 个组长配备 3 个副组长，1 个主任配备 4 个副主任，这类现象随处可见。由于人员众多，出现官僚之风，同时这些人资质平庸，只能低效地工作，这样的团队是无法将项目做好的。

身为一名管理者，在计划实施一个项目时，所面临的第一件事情，就是安排员工。千万不要像幽默故事中的那个老总，拍着胸脯说"绝不裁掉一个兄弟"，那样的话，等到团队结构变得庞大臃肿不得不裁员时，公司管理者就会面临尴尬局面。

我们要做的是像 3G 资本的"巴西三剑客"那样，在员工管理上不贪多而繁，只求少而精，保证每一个员工都是头脑灵活、能力优秀且有着强烈责任心的人。只有把"用人贵在精"这个管理理念落实到位并应用自如，我们的项目乃至整个企业，才能具备强大的核心竞争力。

👍 日常应用

用最低的工作成本获取最高的工作效率，这是完美完成计划的根本所在，也是企业发展的核心竞争力。在企业人员配置上，做到以下几点，就能打造出一个低成本、高效率的团队。

1. 精简机构，和臃肿庞大说"No"

尽量让企业内部的机制变得简单，彼此工作领域清晰，绝不互相干涉，这样就能做到员工资源重复使用。

2. 招收优秀人才，重塑企业文化

制定一个选才标准，新员工必须要凭能力入职。员工入职后，要不断设立一个又一个目标来让新员工完成，并运用能力评价体系对员工进行评价，保证员工的优秀性。

3. 加强培训，重新提升企业效率

企业不是养老院，不养闲人，发现员工能力不足、效率不高者，就要及时进行培训，提高他的能力，这样才能有效提升企业的工作效率。

史华兹论断：让煮熟的鸭子飞过来

美国波音公司和欧洲空中客车公司为了抢夺日本"全日空"市场打得不可开交。恰在此时，波音公司连续出了三次空难事故。

就在全世界都认为"全日空"市场要被欧洲空中客车公司抢走时，出人意料的是日本竟然把"全日空"市场让给了波音公司。

有人问波音公司的总裁威尔逊究竟用了什么妙计。

威尔逊回答说："虽然鸭子已在他们锅里煮好，但我计划分给日本一半，所以日本就让煮熟的鸭子飞过来了。"

🎙 趣味点评

波音公司在抢夺市场之际，连续遭遇空难，动荡的局势让公司危机四伏，此时别说开辟新市场，连现有的江山都可能毁掉。但威尔逊面对挫折却没有自暴自弃，而是采取有效措施扭转了不利局势：他用足够丰厚的利润打动了客户，把坏事变成好事。威尔逊利用的就是管理学中的"史华兹论断"。

♟ 管理学解读

美国管理学家 D. 史华兹说："所有不幸的事情，只有在我们认为它很糟糕的时候，才会真正地成为坏事。"这就是"史华兹论断"。

无论是个人发展，还是企业管理，这条定律均适用。也就是说，事情无论多么糟糕，只要我们能乐观看待，耐心地采取有效措施应对，就有可能最终扭转局面，将坏事变成好事。

从古至今，很多管理者在面对危机时，都没能理解到这一点，也就没有耐心坚持，最终使危机变成了不可逆转的局面。但也有人通过高明的管理方法力挽狂澜，反败为胜，打出了胜仗。"让煮熟的鸭子飞过来"的威尔逊就是其中之一，而华为的董事长任正非也是一个很好的例子。

2019 年是华为逆境重生的一年。作为世界级通讯企业，华为宣布了 5G 技术的研发和应用。看着华为在通讯领域的高歌猛进，美国仿佛被捅了马蜂窝似的开始跳脚，上至美国总统特朗普，再到美国国务卿等官员，纷纷施展招数围追堵截华为。

同年 4 月，当匈牙利和瑞士等欧洲各国宣布和华为合作建立 5G 基站，美国国务卿开始发招，他威胁这些国家，如果选择和华为合作，就将取消情报共享。随后，在 7 月，美国总统特朗普又签署行政命令：不许美国机构用华为设备，也不许美国企业为华为提供零件。这样一来，华为就面临着市场和供应链双向的封锁。

所有人都为"华为教父"任正非捏了一把汗。要知道，华为已不是一个单纯的中国企业，它的销售链和采购链已延伸到世界各地。华为作为一家国际性大企业，一旦采购链和销售链被封锁，就等同于被斩断了命脉，华为亦将成为死水一潭。还有比这更糟糕的事情吗？任何一个管理者在面对强权美国乃至世界各国的堵截时，都难免方寸大乱、不知所措、举步维艰。

然而，面对严重危机，任正非却并没有慌张，他每次出面接受专访时都很镇定从容，他笑称："感谢美国帮华为做了这么大的宣传。这样一来，全世界都知道华为的技术和产品已经立足于世界领先位置了。"任正非没有把美国的围追堵截看成一件坏事，而他这样的说辞让人听来确实如此，让大家都觉得这的确不失为一件好事。

本来华为的员工都很担心这件事情，而任正非通过舆论上的力挽狂澜，一下子就把美国煞费苦心树立的"华为是一个敌人"的阴谋一举击破，让员工的心也安定了下来，大家都专注于自己的工作，好像美国围追堵截的不是华为一样。与此同时，任正非坚持自力更生的战略，推出自主研发的操作系统。通过这项措施，让与华为合作的企业纷纷看到了华为的实力，坚定了和华为合作的决心。

在这场危机中，任正非凭着"坏中看好，别有洞天"的管理经验，令华为迅速恢复生机，而且发展得更加蓬勃。作为一个管理者，出现危机并不可怕，只要头脑保持冷静，用辩证的思维去看待危机，理性沉着地处理危机，就能转危为安，反败为胜。

👍 日常应用

企业在抢夺市场之际，难免会遭遇动荡局势。管理者想要扭转局面，可以采取以下有效措施。

1. 辩证看问题，危机变契机

当危机来袭，要辩证地看待问题。只是一味地看到危机带来的危害，头脑就会慌乱，甚至自暴自弃。应该用辩证的方法来看待危机，努力扭转局势，危机就能变成契机。

2. 树立忧患意识，防患于未然

在管理过程中，要有时刻准备迎接危机的意识，并提前储备应对危机的能力，这样的话，当危机来袭时就能成功打败危机。

弗洛斯特法则：乞丐的今天

初入股市的小李和同事大刘去烧饼店吃午饭，他一边吃烧饼，一边掏出手机看股票。

同事大刘看到后，劝他说："不要盲目入股啊，股市有风险，一定得谨慎。首先要确定你想投资的股票是哪些，就像修筑长城一样，把风险大的股票屏蔽在外……"

"嘿，打住，伙计，这么小心翼翼怎么挣钱？"小李很不以为然。

这时，一个乞丐进来乞讨，小李给了他一个烧饼。乞丐一边啃烧饼，一边凑过去看小李手机屏幕上的股票。

乞丐说："你这个同事说得很对啊！"

小李问："你怎么知道他说的对呢？"

乞丐说："我当初就没听朋友劝，不然我能有今天？"

🎤 趣味点评

小李想要入股市发大财，但却对股市风险全然不知，大刘提醒他要谨慎，告诫他若盲目跟风，轻则竹篮打水，重则全军覆没。小李根本不懂大刘的苦心，这时乞丐现身说法，让小李意识到了股市风险。

乞丐正是因为没有一个明晰的界定，才让自己钱财尽失沦为乞丐。这让小李明白了界定明晰的重要性。"要筑一堵墙，首先就要明晰筑墙的范围，把那些真正属于自己的东西圈进来，把那些不属于自己的东西圈出去。"大刘对小李的劝导，体现的便是管理学中的"弗洛斯特法则"。

♟ 管理学解读

"弗洛斯特法则"是由美国思想家弗洛斯特提出来的，又名"界定范围法则"。所谓"界定范围"，是指有一个明晰的标准，这个标准可以是条款，也可以是定量，总之是通过事物的某种性质进行分类，并通过所定的标准来划定区域。

对于管理者而言，在做计划时，对出现的结果要有一个清晰认识，在此基础上界定好决策的内容范围。只有这样，才能清楚在实现计划过程中，选择什么、放弃什么。

就好像大刘告诉小李的那样，界定好范围，才知道该选择哪些股票进行投资，该放弃哪些股票规避风险。如果没有做出这个界定范围，那么小李最终的结果就会和那个乞丐一样。

在企业发展过程中，管理者做的是计划，面向的是员工，只有管理者做出计划界定范围，下属员工才知道该做什么、不该做什么。在这一点上，脸书的创始人扎克伯克就做得非常好。

脸书是美国乃至全球最大的社交平台之一，拥有数量庞大的用户。用户注册脸书时会提供自己的资料，因而脸书后台成为一个大数据库。当用户担心自己的隐私会被泄露时，扎克伯格一再向用户保证会确保他们的隐私安全。

然而，2018年脸书爆出用户数据被泄露的消息，同时也扯出脸书和很多公司达成信息共享协议。显然，用户个人资料数据在用户不知情的情况下被脸书用作了商业用途，这是伤害用户权益的行为。针对这一事件，美国纽约的大陪审团对脸书公司展开了调查，顿时将扎克伯格推到了风口浪尖上。

身为脸书公司的管理者，扎克伯格既要应对陪审团对脸书的调查，还要为脸书未来的发展做出计划和决策。对于前者，扎克伯格只需要配合，律师来做就行，但后者却让他有些为难，因为他要直面犯下这个错误的下属。

隐私数据属于产品安全问题，只有保证产品安全的员工才能确保公司顺利发展，如果不能保证产品安全，那么负责产品的员工就必须被排除在这一范围之外，也就是说，负责这一产品的产品官要承担这个责任，离开公司。

按照一般的情况，员工犯了这么大的错，理所当然是要被开除的。然而，让扎克伯格犯难的是，这名产品官考克斯是脸书公司的创始人之一。当初扎克伯格创建脸书时，这位产品官和他一起夜以继日、废寝忘食地经营，才有了现在庞大的脸书帝国。现在让这名元老离开，扎克伯格实在张不开嘴。

但是，身为管理者，无论在友情方面多么难以割舍，扎克伯格都无法逃避所要面对的现实，除了面对，他别无他法。好在扎克伯格是一个幽默的人，他用幽默化解了这份无奈和尴尬。

2019年3月的一天，扎克伯格和考克斯进行了一次深入的谈话。考克斯本以为扎克伯格会说让脸书卷入舆论漩涡的隐私事故，却没有想到扎克伯格对此只字不提，只是提到自己家那款 AI 智能助手。

扎克伯格说："你知道的，我打造了一款家庭 AI 助手 Jarvis。他的确帮了我们很多，甚至他还能和我女儿 Max 做游戏，总是哄她高兴。但是，最近他的程序发生错误，差点误伤了孩子，导致我们家一片混乱，我知道应该把他划出我们的圈子，但我又怕伤了他的心。"

考克斯说："不会的。物尽其用，可以把他放到适合他的场所。"第二天考克斯就离职了，之后，扎克伯格任命了一个擅长和重视隐私加密的人为新产品官。考克斯并没有因此埋怨扎克伯格，相反对他处理这件事的能力表示钦佩，而脸书的隐私问题也得到了相应的解决。

扎克伯格是一个重情义的人，对于考克斯这个一起并肩作战十几年的老伙伴，他有着很深的感情。但他身为管理者，更懂得"弗洛斯特法则"的重要性：管理者对企业需求要有明晰的界定，把那些真正属于自己的东西圈进来，不属于自己的东西圈出去。只有做到这点，才能让企业顺利发展。扎克伯格若直接开除考克斯的话，会让考克斯十分尴尬甚至心生怨恨，而他利用 AI 助手这个引子让考克斯知难而退，巧妙而幽默地化解了这场尴尬。

如果扎克伯格不更换产品官，而是任由隐私事故发酵下去，事态只会越来越严重，最后很可能只会像案例中的乞丐那样输得一败涂地。

👍日常应用

无论面对企业发展，还是面对市场风险，对于该选择什么、该放弃什么，管理者都要有准确的评估，一旦评估错误的话，轻则竹篮打水，重则全军覆没。在评估过程中，要谨记"弗洛斯特法则"，并在日常中学会善用。

1. 任用员工，要及时调整

计划中一定会涉及员工任用，一旦发现员工在某个岗位上无益甚至阻碍公司良性发展，就要当机立断，把他安排到能够发挥他长处的岗位上。只有这样，才能让员工在各自岗位上如鱼得水。

2. 产品决策，紧随市场步伐

要紧随时代发展及时评估市场风险，并根据风险及时改进产品，删减产品落后于新时代的部分，增加其顺应时代需求的功能。

鱼缸理论：名字是否会印在书上

出版社总编收到一个想要自费出书的作者投的几首诗歌，诗文质量非常拙劣。

总编婉转地说："先生，您这诗质量不是很好。"

作者却傲慢地说："我不在乎诗歌本身的质量，我只在意我的名字是否会印刷在书上。"

总编闻言，回答道："原来如此！先生，下次请您只带您的姓名来，诗，由我来填就好了。"

🎙 趣味点评

对于出版行业来说，图书内容质量的重要性不言而喻，但作者却把书稿质量当成儿戏，他在意的只是他的名字是否能印刷在图书上。总编极具讽刺的回答，让人忍俊不禁。

如果我们以一个管理者的角度来看的话，总编的回答正好满足了"客户"最本质的需求，这体现的就是管理学中著名的"鱼缸理论"。

♟ 管理学解读

"鱼缸理论"是由日本全面质量管理（TQM）专家司马正次提出来的。他把企业的经营环境比喻为鱼缸，而客户就好比圆形鱼缸里面的金鱼。由于光进入水中时会产生折射效应，因此在我们眼里看起来做直线运动的物体，在圆形鱼缸里的金鱼眼里，却在做曲线运动。

这种现象也经常存在于企业和客户之间：很多企业根据自己的特长研发产品，美其名曰主导市场，但这些产品却不一定是客户真正需求的，由此导致产品滞销，企业因此陷入停顿状态。

管理一个企业，远比出版一本书要复杂得多，管理者想要企业项目得以顺利进行，就必须要进到鱼缸里，与客户身处同一环境，学着以客户视角去观察和发现市场，针对客户需求做出产品。互联网时代，很多成功的企业管理者都是这样做的。其中，成功者之一便是小米。

小米的创始人雷军在最初创立小米时，并没有马上研发产品系统，而是先征集粉丝们的建议，这就是典型的"跳进鱼缸和鱼儿一起体验观察"的过程。随后，雷军又让员工针对这些建议和意见，开发出小米独有的 MIUI 系统。由于产品是采纳用户建议后做出的，符合用户需求，同时小米也因满足用户需求而变得愈发完美，实现了产品销量的迅速增长。

雷军身为一名成功的管理者，深谙"优秀的公司满足需求"的道理，因此，小米手机才能一炮走红，从众多手机中脱颖而出。小米现在已经是一家上市的大公司，但雷军依然凭借"鱼缸理论"原则走在管理小米的道路上。

在互联网时代，一家企业想要做大做强，单纯地满足客户的需求是远远不够的，还需要在和用户的共同体验中开拓市场。

为了针对用户需求开拓新的市场，小米论坛开辟了让会员们对各种需求各抒己见的版块，这样一来，就能清晰地了解和掌握用户的真实需求。针对用户在互联网时代的根本需求，雷军和他的员工开发出"米家全新生态链平台"，以满足用户网购需求；针对客户对日常生活品质的要求提升，雷军做出跳跃发展的计划，他率领下属们昼夜不停地开发出小米平板、小米盒子、小米电视、小米手环、小米平衡车等智能产品。

值得管理者特别关注的是，并不是用户所有的需求，企业都一定要去想办法满足。像幽默故事中的那个作者的需求，只是为了满足自己的需求，却不符合社会客观发展的需求，这样的用户需求，企业是不能去满足的。

因此，作为管理者，要站在用户角度，在鱼缸中体验用户对产品的需求后，再跳出鱼缸站到一个更高的角度，结合社会客观发展，来重新审视和分析用户需求，只有这样，才能做出既满足用户需求，又符合社会客观发展需求的产品。

👍 日常应用

"鱼缸理论"告诉我们：管理者一定要具备发现用户最本质需求的能力，才能有效为客户提供其所期望的产品。那么，怎样才能发现用户的根本需求？我们可以从以下几方面入手。

1. 建立用户档案

针对拥有固定用户群的老牌企业，管理者可以让员工建立用户档案，后期在仔细分析档案的过程中，分析用户的使用习惯，并针对这些习惯设计符合用户需求的产品。

2. 开设讨论区

在同一产品所拥有的流量大的网络平台上，开设用户讨论区，以供用户针对产品发表各自的使用情况。在用户吐槽中去发现用户的个性化需求，从而开发出更满足用户需求的产品。

雷鲍夫法则：不信任上帝

不懂英语的阿文去教堂参观时突然昏厥，醒后发现自己躺在耶稣像旁边，他的妻子哭红了眼。

妻子说："亲爱的，我以为上帝把你带走了。"

阿文看了耶稣像一眼，然后幽幽地回答："他老人家的确来召唤过我，不过，我听不懂他说的英语，无法信任他，所以我又回来了。"

🎙 趣味点评

上帝是西方的神，自然说的是英语。但阿文不懂英语，导致他与上帝无法交流，他怕上帝是个骗子，自然也就拒绝跟上帝走。

从这则幽默故事可以看出，"信任"在人们心目中多么重要。信任在管理中也非常重要，交流不畅就无法建立信任，合作也就无从谈起。这一点和管理学中的"雷鲍夫法则"正好契合——想要合作，就需要在计划前认识自己并尊重对方，只有这样，才能有效沟通，建立起信任，实现合作。

♟ 管理学解读

"雷鲍夫法则"是由美国著名的管理学家雷鲍夫提出的。他认为，对员工的管理，本质上是交流和沟通。想要和员工无障碍沟通，并让他们积极主动地去工作，管理者就要做到认识自己和尊重他人，只有这样，员工才愿意信任管理者，才愿意和管理者进行有效的沟通。否则，就会出现幽默故事中"阿文无法对上帝建立起信任"的结果。

除了员工之外，管理者在面对用户时，也要做到"认识自己和尊重别人"，否则无法与用户建立信任，合作也就无从谈起。管理者若善于将"雷鲍夫法则"运用到合作中，就能达到事半功倍的效果。

既然懂得了认识自己尊重他人以及建立信任的重要性，那么我们要怎样去做呢？对此，雷鲍夫总结出了六条，后来又有人在此基础上加上两条，就形成了"雷鲍夫法则"。这八条内容分别是：

1. 最重要的八个字"我承认我犯过错"

犯了错不要紧，但要勇于承认并改正。波音公司 2018 年里连续两次发生空难，全世界的人们都为之震惊与悲痛，同时也纷纷指责波音公司的产品质量存在问题。但无论人们如何指责，波音公司管理层都拒不承认自己的产品有问题，于是人们纷纷提出要抵制波音，这使波音公司陷入了僵局。

如果不能打破这个僵局，波音公司最后的结局很可能是破产。这时，波音公司的首席执行长官穆伦伯格站了出来，他以个人名义向遇难家属道歉说："对不起，我错了。我不能改变已经发生的事情，但我承诺波音公司尽可能在未来保证安全性。"

身为波音公司的一名管理者，穆伦伯格清楚地知道，如果不承认过错，就会失去民众对波音公司的信任，民众就会弃之而去，到那时，波音公司只有死路一条。而当他说出"我承认犯过错，并保证以后不会再犯"这句话时，民众看到了他的真诚，也就重建起了对波音公司的信任。

2. 最重要的七个字"你干了一件好事"与最重要的六个字"你的看法如何"

这两条对于管理者管理下属尤为适用。脸书的首席运营官桑德伯格是一个非常睿智的管理者，可她是一个女士，所以刚到脸书的时候，并不被下属信任和认可，他们处处刁难桑德伯格，总是让她难堪。

有一次，桑德伯格提出要在其他国家多开几家分公司，她的下属查德·格林质疑地问："你打算开在哪里？你确定能行得通？"桑德伯格非常尴尬，大家都以为她会发火。然而，桑德伯格只是说了一句"你的看法如何"，然后便非常真诚地请对方继续说下去。

接下来，查德·格林列举了充分的依据，以此证明桑德伯格的扩张策略是行不通的。最后，查德·格林说："好了，我说完自己的理由了，你也可以开除我了。"

桑德伯格说："不！你干了一件好事。我应该谢谢你提醒我。"过后，桑德伯格还在脸书内网上发帖向查德表示感谢，并鼓励其他人向查德学习。桑德伯格的鼓励征服了所有的质疑者，从那以后，他们再也没有刁难过桑德伯格。

身为一名管理者，桑德伯格懂得集思广益才是成功之道，当查德·格林说出自己的质疑时，她没有发火，而是很真诚地问他："你的看法如何？"当查德·格林说出自己的看法后，她没有先去评判查德·格林观点的对错，而是先鼓励与肯定他的能力和善意。

试想一下，如果桑德伯格没有给查德·格林机会表达自己的看法，或是不认可他的表达，那么她就不可能得到下属们的认同，在以后的管理中，大家也不会心甘情愿听从她的派遣。

3. 最重要的五个字"咱们一起干"

这一点我深有体会。我们公司有一个项目是给老年人写传记，需要安排下属去采访。但有的老人脾气古怪，下属在采访过程和编写过程中，经常会遇到有些老人不配合采访，或是挑剔字眼的情况。我的下属就经常被这类老人"折磨"得死去活来。

得知这样的事情，我首先做的就是告诉他们："别灰心，咱们一起干！"我通过这句话想要传递给下属的信息就是——在这份工作中，我和你一起来承担责任。由此，下属们的压力就会减少三分之二以上，他们也就更加安心踏实地去完成工作。

4. 最重要的四个字"不妨试试"

管理员工时,除了让他们听从安排还不够,还要鼓励他们创新。"试试"这个词给了员工创新的勇气,而"不妨"这个词则是让他们减少压力,因为这意味着不需要太注重结果,只要把创意研发出来就可以了。

当美国还在为 5G 技术围堵华为时,任正非已经宣布华为要开发 6G 了。这个消息一宣布便引起了各国民众的强烈反响。他们连 5G 都还没有研究出来,华为这是在吹牛吗?

面对众说纷纭,华为研发部的员工们纷纷倍感压力。这时,研发部的管理者说了一句话:"不妨试试。"因为他们明白:员工们只要抱着这种心态,就能减轻压力,从而专注地投入研发,必定会有收获。

5. 最重要的三个字"谢谢您"

这一条适用于用户。"谢谢您"既是礼貌用语,也展现了一种真诚的服务态度。我们公司帮美国的一位投资者写一本书,这位投资者很挑剔,请求我们每两天就要和他开一次会,这让我们很累。但在每次和我们交流完后,他都会诚恳地说一句"谢谢您",并且在每次见面的时候,都会送一些小礼物给我们。他的礼貌和真诚让我们无法拒绝他的要求。因为沟通及时顺畅,所以最后我们写的书非常符合他的心意。

身为一名管理者,当你和用户打交道的时候,一定不要忘了说一句"谢谢您。"试一试吧,你将会有意想不到的收获!

6. 最重要的两个字"我们"与最重要的一个字"您"

这是"雷鲍夫法则"的最后两条,这两条既适用于用户,也适用于员工。因为无论是合作伙伴,还是员工,对于管理者来说都是合作关系。在这份关系中,用"我们"会显得毫无隔阂,能瞬间拉近双方的距离,沟通起来也更顺畅。而"您"是敬语,表示尊重。尊重是平等和信任的基石,当用户和员工感受到你的尊重,也就感受到了平等和信任,双方合作起来自然就会十分愉快。

身为管理者，每时每刻都在合作的关系中，和员工一起成长，和用户互利共赢。成功的合作，必然是建立在信任的基础上。懂得了这八条的含义，也就掌握了建立"信任"的密钥。

👍 日常应用

身为管理者，只要"雷鲍夫法则"运用得当，对于管理员工和掌控合作伙伴的节奏都大有裨益。建立"信任"说难不难，说易也不易，关键是要掌握技巧与方法，我们在日常生活中可以这样做：

1. 让下属知道你和他并肩作战

下属在工作中或许不是很顺利，难免会出错。这时，你可以告诉他："咱们一起来找一下问题，并一起解决它吧。"让下属知道你在和他共同面对和解决困难，自然就会建立起对方对你的信任。

2. 让用户知道你和他的利益共同点

当你为用户提供产品时，用户很容易产生他付款你收款的思想，这样就很容易让他对你产生对立情绪。此时你可以说："我们共同的目的是通过这款产品提高体验品质。我们是产品制造方，对产品体验有丰富的经验，现在就让我来与您一起分享一下产品体验方面的经验吧。"把用户的关注点落在产品的体验上，而不是自己的付出成本上。这样就能增加信任成分，消除用户的对立情绪。

第二章　信息篇

储备准确信息，做最正确的决策者

沃尔森法则：开家尿布公司

三个不同国籍的人看同一份全球人口猛增的普查报告，马上做出不同反应。

美国人向上帝祷告："神啊，请保佑这些小天使快乐幸福吧！"

韩国人向政府报告："这是多么难得一见的韩国文化啊，赶快向联合国申请世界文化遗产吧！"

日本人转身回家，边走边说："你们尽管去求上帝和政府出面吧，我现在要做的是开一家尿布公司！"

一年后，这位日本人生产的尿布销往世界各地，赚得盆满钵满。

🎙 趣味点评

面对相同的信息，美国人、韩国人和日本人做出了不同的反应。美国人和韩国人忽略了信息本身的价值，唯独日本人把信息和情报放在第一位，做出管理调整，最终获得成功，这正是成功运用"沃尔森法则"的结果。

♟ 管理学解读

"沃尔森法则"是由美国著名企业家 S.M. 沃尔森在多年的管理经验中总结出来的。他说："一个成功的决策，等于 90% 的信息加上 10% 的直觉。"也就是说，信息至关重要，当你把信息放在首位，财富自然滚滚而来。而沃尔森正是凭着这条法则把自己的企业经营得红红火火。

很多成功的企业家都是应用这条法则的高手，比如上面故事中的日本人。这个日本人是真实存在的，他的名字叫多博川，是日本尼西奇公司董事长。他在看到人口普查报告后，迅速抓住"婴儿数量倍增"这条信息，通过分析这条信息，得出婴儿产品将会是供不应求的巨大市场，并依此做出生产婴儿尿布的计划。最终，他凭借这个项目，成为享誉世界的"尿布大王"。

纵观当今蓬勃发展的企业，他们的管理者总是把信息收集和掌握放在首位，比如滴滴公司的创始人程维。程维在创立滴滴之前，曾是阿里巴巴最年轻的区域经理。如果他一直在阿里做下去，凭着阿里的壮大，程维也一定会获得美好前程，但他却在半途选择了退出。做出这个选择，是因为他抓到了一个信息。

在阿里工作时，程维经常来往于杭州和北京之间，时间非常紧凑，他常常因为打不到车而误事。有一次，他赶到北京去见客户，在蓟门桥打了半个小时的车都没打到，好不容易有一辆空车经过，程维很高兴，还以为终于能坐上车了，然而司机却是去交接班不能载客。

程维出差途中经常遇到这样的事情，但程维最初并没有注意到这背后隐藏的信息，只归因于是自身的问题。后来，程维在北京时，他的一个亲戚也到北京办事，两个人约好七点在王府井附近吃饭。五点半时，亲戚就打电话告诉程维在打车，然而等到八点也没有打上车。

亲戚打不到车这件事情，再加上平日里自己打车难的经历，让程维发现了两个信息：一是在中国打车很难，二是打车出行是大众主流的刚性需求。这两个信息都指向一个方向：中国涌现出一个庞大的打车市场。他于是做出一个决定：做一款打车软件——这就是滴滴。

后来滴滴的发展路程我们大家有目共睹：在程维的管理下，滴滴迅速崛起，一路高歌。截至目前，滴滴已成为市值几百亿美金的大公司。这真是应了那句话——你能得到多少，往往取决于你能观察并掌握多少信息。滴滴的成功，给了我们不小的启示：在变幻莫测的市场竞争中，管理者一定要重视信息本身的价值，只有把信息和情报放在第一位，并做出相应的管理统筹，才能获得成功。

相反，如果麻痹大意，不重视信息背后隐藏的走向，就会遭遇滑铁卢。NBA 总裁亚当·肖华深刻地意识到了这一点：他的下属莫雷在网络平台上发布了一条涉及中国主权分裂的言论，引起中国人民的愤怒。然而，身为莫雷的上司、NBA 的管理者，肖华并没有注意到这条信息背后的走向，依然固执地不肯向中国道歉。最终导致中国停止和 NBA 的一切合作。等亚当·肖华深刻地认识到这一点时，局面已经很难控制，这对 NBA 来说，无疑是一个无法估量的损失。

我们从这个案例中总结出的经验教训就是：在当今互联网时代，身为一个管理者，一定要把信息和情报放在首位，不然就会给企业带来损失。

👍 日常应用

现在是大数据时代，信息呈现爆炸式的增长，想要掌握准确的信息，可以从以下几个方面入手。

1. 时刻关注市场

互联网时代和传统时代有所不同，市场发展瞬息万变，管理者一定要时刻关注市场变化，细心分辨每一条信息的走向，有时候和市场发展不相干的一条信息，却能决定市场的走向。

2. 紧紧盯住竞争对手

想要掌握新的信息，盯住竞争对手的一举一动是一个好办法。你在搜集信息时，对手也同样在搜集信息，他的每一个新举措，都可能是有用的信息带来的新决策。你如果能赶在对手之前迅速采取行动，抢占先机的就有可能会是你。

鸵鸟政策：你这个小傻瓜

小鸵鸟问妈妈："妈妈，我们的腿为什么很长？"

鸵鸟妈妈回答："腿长，奔跑速度就快，遇到危险时才能逃命。"

这时，一只老虎追了上来。

小鸵鸟撒开腿要跑，却被鸵鸟妈妈拽住，她说："儿子，快把头躲进沙丘里。"

小鸵鸟不解地问："我们可以逃命，为什么要躲进沙丘？"

"你这个小傻瓜，无论我们跑多远都能看到老虎在后面追，那多可怕！但我们把头躲进沙丘里，就看不到老虎的追赶，也就不害怕了呀。"

🎙 趣味点评

鸵鸟的腿很长，奔跑速度非常快，遇到猛兽追赶时，只要努力奔跑，完全有希望摆脱敌人的追赶。但鸵鸟却选择把头埋进沙坑中，蒙蔽自己的双眼来骗自己是安全的，这样只是坐以待毙。

如果一个管理者以这种心态来做管理工作，在遇到问题的时候只是自欺欺人地逃避，会使问题更加复杂，难以处理。在管理学中，这种"鸵鸟政策"是非常不可取的。

♟ 管理学解读

"鸵鸟政策"是管理者经常遇到的一种管理现象。和其他的管理学理论有所不同，鸵鸟政策并不是某位管理学家总结出来的理论，而是人们根据鸵鸟的习性总结出来的。

早在 1891 年，英国人通过观察鸵鸟，发现它们目光锐利，奔跑速度快，然而在遇到猎人追捕或是危险时它们却并不逃走，而是选择卧倒在地上，身体蜷成一团，并把头钻进沙子里，试图以这种"掩耳盗铃"的方式来躲避危险。英国人把鸵鸟这种不敢面对险情、不愿正视现实的行为称为"鸵鸟政策"。

管理者身在职场，经常会遇到下属的追赶和对手的攻击，倘若自身能力够强，就能应对自如，甚至能够在这些追赶和攻击中壮大自己。但有些时候，比如下属成长很快或对手很厉害时，管理者就容易失去信心。这时候，有一部分人就会选择蒙蔽自己的视线来欺骗自己是安全的，但结果只会是在竞争中被淘汰。

成吉思汗当年建立蒙古国后，想要购买一些战马和粮食，就派一支 450 人的商队去往西域。然而让他没有想到的是，途经中亚的花剌子模国时，商队被花剌子模国的管理者摩诃末下令全部杀害了。成吉思汗得知这件事情后，便派出一名官员率兵前往花剌子模国。临行前，成吉思汗吩咐那名官员："他战，便和他战；他和，便与他和。"

然而，摩诃末并没有友善对待这名官员，而是露出了杀意。然而即使如此，这名官员却因为胆小没有自信能打过花剌子模国，所以只装作视而不见。这位选择了逃避的官员，一味低三下四地求和，最终被花剌子模国杀害。成吉思汗得到这个消息后，气得捶胸顿足道："我蒙古铁骑骁勇威猛，战无不胜。只可惜他懦弱无能，竟然不敢应战。"

之后，成吉思汗率领蒙古铁骑西去花剌子模国，和摩诃末展开了一场大战。凭借士兵们的勇猛顽强，成吉思汗的军队第一战就把摩诃末打得落花流水，因此摩诃末也变得胆小起来，他没有重整旗鼓，最终得到了灭国的结局。

当你懂得了"鸵鸟政策"的含义，你就会明白：那个懦弱无能的官员，自以为逃避就能得到安全，没承想却招来杀身之祸。可见，面对强劲的对手时，风险始终存在，绝不会以人的意志为转移。面对危机，回避注定要失败，只有主动出击才是最好的办法。成吉思汗身为蒙古国的高层管理者，深谙这个道理，于是他率领蒙古铁骑长驱直入，英勇杀敌，最终一举消灭了花剌子模国。

在一个团队中，如果员工在做项目时采取"鸵鸟政策"，在困难面前，工作就会停滞不前；如果企业的管理者采取"鸵鸟政策"，给企业带来的危害将更为严重，甚至会让企业面临倒闭的危险。

👍 日常应用

"鸵鸟政策"告诉我们：管理者在遇到问题时产生自欺欺人的心理，会使问题更加复杂，难以处理。为避免陷入"鸵鸟政策"的陷阱，我们在日常管理工作中可以这样做。

1. 面对危机时主动出击

在企业发展过程中，危机时常出现。每一次危机都是一次机遇，战胜危机，企业就能更上一层楼；反之，企业就有可能陷入更大的危机中，甚至倒闭，当危机来临时，主动出击才是最好的防御。逃避只会迎来后一种结果。

2. 工作中果断承担责任

在做任何一个项目时，都难免会出现失误。身为管理者不能对失误视而不见，而是要果断承担责任。只有这样，才能及时处理问题，把损失降到最低。

斜坡球体定律：你不需要吃饭

马克·吐温新招了一个仆人布朗克。每次马克·吐温回到家，仆人都会帮他擦一遍皮鞋，早上临出门时，仆人还会帮他再擦一遍。马克·吐温很喜欢这个仆人，就把他留在身边，待他很好。

时间一长，仆人便恃宠而骄，做事情也变得懒散起来。马克·吐温生性宽厚，也没和他计较。

这天早上，马克·吐温要出门，穿鞋的时候，他说："布朗克，这皮鞋上都是尘土，你昨晚和今早都没有擦鞋吗？"

仆人说："先生，即使我擦完，您出门后不久就又会脏的呀！"

马克·吐温没有说话，他出去后锁上门，对仆人说："布朗克，今天你就在门外站着等我晚上回来。"

仆人大喊："先生，您把门锁上了，我中午怎么吃饭？"

马克·吐温头也不回地回答："即使吃了饭，不久也会饿的呀，所以你不需要吃饭。"

🎤 **趣味点评**

马克·吐温的宽厚纵容了仆人的惰性，导致仆人不再积极做事，最终懒惰到本职工作都做不好了。

这样的事例在企业管理中屡见不鲜，如果管理者对员工的惰性不加制止，就会导致员工像马克·吐温的仆人那样懒散怠工，企业业绩就会出现下滑，这种管理学现象被称之为"斜坡球体定律"。

♟ 管理学解读

"斜坡球体定律"是根据海尔集团的"斜坡论"引申出来的。海尔集团是我国二十世纪八十年代创立的一家企业，已有三十多年的历史。在这三十多年里，海尔管理层积累了诸多的管理经验，并根据这些经验将海尔打造成了一个全球大型家电品牌集团。在这些众多的管理经验中，这条"斜坡球体定律"一直被海尔奉若神明，因此大众又把"斜坡球体定律"称为"海尔发展定律"。

"斜坡球体定律"把市场形容为一个斜坡，企业则是这个斜坡上的一个球体，企业发展类似于将球体向斜坡上方推动。球体想要往上，就要靠员工们一起努力积极奋进地在球体下方往上推，一旦员工消极懒惰，这股惰性就会变成压力从上往下反方向推动球体，如果不加以制止，企业这个球体就会被推进斜坡下方的深渊里。

某图书公司有个员工，他的写作能力很强，但人很散漫。有一次，领导安排他给一个老人写传记，因为老人催得很急，所以部门领导要求他在两个月里写出来，这名员工很痛快地答应了。刚开始那一个月里，部门领导每天都在督促他，他的进度也还不错。

这样持续了一个月后，部门领导想这名员工应该形成一定习惯了，不必时刻紧盯着，于是就转身忙别的事情。很快一个月过去了，到了该交稿件的时间。然而领导询问稿件进度时，才知道从领导没有追问进度那一刻起，那个员工就变得懒散起来，致使稿件完成遥遥无期。无奈之下，领导只好和他重申可以延期半个月，如果半个月内还没有完成，就要扣他工资。

于是这名员工在领导催促下，开始认真对待工作，每天都埋头在电脑前写稿。半个月后，他把一份完美的稿件交到了部门领导手里。而在这期间，部门领导身为一名管理者，也花费了不少精力进行监督，他每天早上要求员工整理一遍思路，晚上给他看当天写的稿件内容。管理者只有这样花费时间去管理，才能避免员工被惰性操控。

就像马克·吐温的仆人一样，因为积极勤奋，获得了马克·吐温的赞赏，可后来仆人滋生了怠慢懒散之心，不能完成工作，最终马克·吐温以"不给他午饭吃"为惩罚，以强化对他的管理。事实上，对于员工的惰性来说，强化管理就是给员工注入动力。

当今很多互联网企业的管理者，都把这条管理学定律用到了极致。在之前"996"工作制（上午九点上班，晚上九点下班，一周工作六天）热搜话题中，好多管理者都发表了自己的看法和观点。有的说："996 是福报，这样就能让员工杜绝惰性，有更多的时间去工作创新，而不是虚度时间。"有的说："我们公司必须实行 996 工作制，混日子的不是我兄弟。"有的则说："员工就是要尽职尽责地工作。996 能让员工把工作当成自己的一种本分。"

无论哪一种说法，汇总起来就是一句话："员工要积极努力地工作，把努力当成一种动力，推动企业往高处走，对工作时间的规定就是在减少员工工作外的时间，从而让企业获得更好的发展。"这样的管理策略虽然受到许多员工的腹诽，可他们最后还是都接受了公司安排，成为"996"工作制的一员。

当我们看到这些员工加班加点地工作，企业由此发展得更为蓬勃迅猛时，我们不得不承认，这样的管理方法的确是非常有效的。

👍 日常应用

企业发展离不开员工的推动，一旦员工不认真努力，企业就如逆水行舟，不进则退。所以，管理者一定要谨记"斜坡球体定律"。要去除员工惰性，就要在工作中多激励员工，想要激发员工的工作积极性。我们可以从以下几方面入手。

1.尊重员工的需要，提供不同的奖励

激发员工积极性最好的办法，就是满足他的需求。员工有不同的需求，管理者要仔细观察，并根据不同需求给予相应的满足。

2.为员工设立目标计划，定期进行绩效评估

通过为员工设立目标计划，并定期对员工进行绩效评估，让员工对自己的工作状态有一个客观认识和准确定位。这样一来，每个人都知道自己的优势和强项，同时也了解自己的劣势和短板，工作中就能发挥其长处，工作也会事半功倍。

塔马拉效应：藏好金箍棒

孙悟空打完妖怪后，并不收起金箍棒，而是一直拿在手里把玩。

猪八戒说："猴哥，赶快把金箍棒变成绣花针藏起来，如果被师父看到，我们就要失业了！"

孙悟空不解地问："为什么？"

猪八戒说："如果师父让你把金箍棒变长直通西天，他自己顺着棒子就走过去了，哪里还需要我们！"

🎤 趣味点评

猪八戒告诉大师兄，要隐藏自己的实力，不然的话，一旦唐僧掌握了他的能力，那么他就能自己独自一人走向成功的彼岸，他们师兄弟就会面临被解雇的危险。这则笑话准确诠释了管理学中的"塔马拉效应"。

♟ 管理学解读

捷克的雷达专家弗·佩赫经过多次研究创新，发明出一种只接受信号不发射信号的无源雷达，佩赫给它起名为"塔马拉雷达"。在此之前，所有的雷达都是发射信号的，这样很容易被对手的反雷达系统监测到。塔马拉雷达问世后，一下子就扭转了这种局面。它不发射信号，反雷达系统无法监测到它，这样它就能悄无声息地接收信号，并利用这些信号做出相应的应对措施。

　　企业家很快就发现塔马拉无源雷达的这种功能非常适合应用到管理工作中去，于是就把它引申到管理学中来，即"要学会在领导面前隐藏实力"，这就是著名的"塔马拉效应"。

　　一般而言，管理者需要展示自己的才能，以获得上司的认同和下属的尊重，这样才能把管理工作做好。然而"塔马拉效应"要求管理者逆向思维，要隐藏自己的实力不被他人发现，只有这样，才能不被上司忌惮，同时不被下属忌妒和陷害。毕竟，"职场如战场，才高被人忌"，大智若愚才能保全自己。

　　中国上下五千年历史长河中发生了很多事情，其中"鸟尽弓藏，兔死狗烹"的事件比比皆是，令人触目惊心的是，这些都是"实力为上司所忌惮"的真实案例。但也有不少明智的下属，他们懂得韬光养晦、独善其身的道理，懂得在上司面前隐藏自己的实力，由此规避上司的妒忌，与上司的关系很好。比如说我国汉朝的大臣萧何，就是一个这样的人。

　　汉高祖刘邦在打江山的时候，萧何出过很多力。汉家江山被打下后，萧何被任命为相国，负责行政管理。萧何在其位上兢兢业业，实施了很多管理办法，老百姓的日子也蒸蒸日上，因此萧何颇得人心。尤其是在他居住的关中一带，百姓们只知萧何，不知刘邦，可见萧何的丰功伟绩大家都是有目共睹的。

　　萧何一心想为皇上、为百姓做实事，一直认真地管理着这片土地，百姓们对他都一片称好。然而，他的一名谋士提醒他说："相国，您的能力太强，皇上已经好几次询问百姓拥戴您的事情了，只怕不久您就会有灭族之祸，因为皇上已经开始忌惮您的能力了。"萧何听后连忙问怎么办，谋士说："从今天开始，您要隐藏自己的实力，让皇上看到您并没有取代他的能力。"

　　不久，刘邦就接到好多起老百姓投诉萧何搜刮民脂民膏、抢占民女的事情。刘邦表面上呵斥萧何"你这样做可不行"，但心里却非常高兴，因为他再也不用担心萧何会功高盖主，威胁到他的皇位。

谋士就像幽默故事中的"猪八戒劝告孙悟空"那样劝告萧何要隐藏实力。萧何听进去了，所以才故意惹出一些祸事，让上司刘邦不再忌惮他的能力，也就避免了被革职甚至是灭族的风险。

因此，作为一名企业中层管理者，要学会适度隐藏自己的实力，平时为人尽可能要低调，避免让高层领导产生一种不安全感，觉得你可能随时会取代他的位置，或是被下属妒忌陷害，从而给自己的工作带来不必要的麻烦。

"塔马拉效应"不只是教我们要在上司面前学会隐藏自己的实力，同时它的接收信号的功能，也教会我们要学会汇集信息。

小刘是一家互联网公司的部门副经理，领导给了他一个重要项目，要他负责给一家大公司的老板写人物传记。后来因为项目人手不够，公司又调派了另一个部门副经理小陈过来。他们两人的能力不相上下。然而，在接下来的工作中，这两人的工作表现却大不相同。

由于项目很重要，团队需要就每个章节的内容进行讨论，甚至每一个点都要进行论证阐述，因此要经常开会。每次在会上，小刘总是第一个发言，他每次都是把自己的想法一股脑全都说出来，然后再听其他同事发言。

而每次轮到小陈发言时，他总是很谦逊地说："我的想法还不成熟，先听各位老师的高见吧。"等大家都发表了自己的想法之后，小陈这才提出自己的建议。他虽然表示自己的想法很不成熟，但他的建议总是最中肯的，因此每次会议上大家都会采纳他的建议。等到项目结束后，小刘还在做部门副经理，而小陈却被老板提拔为主管。

小陈就是一个把"塔马拉效应"应用到极致的人。他明白，工作中脱颖而出的并不是先说出自己想法和建议的人，自己个人的建议与想法总带有局限性，但如果汇集了所有人的想法，在此基础上归纳总结出的建议，才是最全面、最客观的，因此他才会每回都将所有人的想法整理汇总后再归纳出新的建议，这样做的结果就是他成为最终的胜出者。

👍 日常应用

除了企业的最高领导者之外，每一个管理者在企业中都有可能会面临上司容不下、下属妒忌的局面。在这种情况下，一定要学会"善藏者人不可知，能知者人无以藏"，并且要善于接收各方面的信息。在日常工作中，我们可以从以下几点入手。

1. 韬光养晦，低调行事

有实力的管理者往往容易出成绩。如果你有一个嫉贤妒能的上司，你就要学会低调，不要总是想着把成绩炫耀给上司，这有可能会招来上司的敌意对待。

2. 多倾听，学会汇总信息

让你的心呈开放状态，搜集汇总来自各方的信息，在这些信息中找到最有价值的信息，进行整理汇总后就能得出最为适合的建议或方案。

失真效应：快给消防队打电话

丈夫生病了，妻子用华氏体温计给他测量体温，然而妻子不会识读华氏体温计的度数。

几分钟后，妻子给医生打电话："医生，请您快来，我丈夫的体温已经到 93 度了！"

医生回答说："对不起，夫人，这么高的温度您不该请医生，请您赶快给消防队打电话吧。"

🎙 趣味点评

妻子因为不认识华氏体温计的读数，把华氏 93 度当成了摄氏 93 度，从而传达给医生的信息也是错误的，直接导致医生拒绝上门看病。在信息传递过程中，当输入信息和输出信息不一致时，就会出现差异现象，这就是管理学中的"失真效应"。

♟ 管理学解读

"沟通，不是你在说什么，而是别人怎么理解你说的是什么。"这是著名管理学大师彼得·德鲁克说过的一句话，而这句话所指的就是"失真效应"这种管理学现象。

管理者在日常工作中，所做的其实就是沟通：与客户沟通、与下属沟通、与上司沟通。管理是一项驾驭人的技术，而沟通则是其中一个至关重要的枢纽。沟通的顺畅与否决定了管理工作的成败，而顺畅性的关键点，就在于信息输出和输入是否一致。

如果管理者向客户、下属以及上司输出的信息，是自己内心真正想要表达的，并且能确保对方准确地接收到自己想要真正表达的信息，那么工作就能顺利地进行下去。但如果管理者的表达令信息接收方产生误解的话，工作就会出现偏差。

就像幽默故事里的那位妻子，心里明明想的是"丈夫发烧"，但因为她没有准确传达自己内心真正想要表达的信息，导致医生接收到的信息失真，因此，"妻子想要请医生给丈夫看病"的愿望自然也就没有实现。可见，保证信息准确输出并被对方准确接收，对管理者的日常沟通工作来说，是至关重要的。

近几年，团队之间经常会玩到一款很火爆的"猜话"游戏：把十个人分成甲乙两组，甲组写一句话，只给乙组的第一个人看，乙组其他人都戴上耳机，并依次排好队。乙组的第一个人看了这句话后，要对第二个队员说出这句话。因为戴着耳机，所以第二名队员根本听不清楚，只能凭着第一名队员的嘴型进行判断。随后第二名队员又要用同样的方式把自己理解到的信息传达给第二名队员，以此类推……往往最后一名队员接收到这句话时，已经和甲组写出来的话风马牛不相及。这就是对"失真效应"最经典的诠释。

管理者在工作中也会经常遇到这种情况，一旦遭遇失真效应，小到项目失败，大到企业破产，这可绝对不是危言耸听。

小赵去外地出差，办完事后打滴滴车去机场。滴滴司机是一个很健谈的中年人，他告诉小赵他干这行才一年，之前自己是一家公司的老板，开了八年铜制品公司，这八年来也积累了一些固定客户，虽然公司也遇到过各种波折，但总体发展还算顺利。然而就在去年时，公司却出了岔子。

司机回忆说，当时他的一个客户说某种铜制品销路好，向他订购了

700万元的货，因为涉及金额数目太大，他很谨慎，还专门派业务部经理去调查信息的准确性。业务部经理搜集到的信息是"该铜制品近期看好"，但业务部经理理解信息失真，把"该铜制品近期看好"理解成了"该铜制品看好"，于是就将这个失误信息传达给了老板。由于老板并不知道自己接收到的信息是一个失真信息，于是和客户签订了合作协议后，便安排员工们加班加点进行制作。

让老板没想到的是，产品做出来后，客户却一拖再拖，始终都不肯签收，他这才发现该类产品的市场价跌了很多。拖了一年后，客户以很低的价格签收了产品。而老板却因为把所有资金都用到了这个项目上而导致资金链断裂，公司也因此倒闭了。

一个曾经叱咤商场的管理者，就因为接收到了失真信息而导致生意失败，如今只能靠开滴滴谋生。倘若他的业务部经理当初在调查产品市场信息时能慎重一些，收到准确的信息，那他就不会运作那个项目，也就不会对他的公司造成致命打击。由此可见，管理者在沟通过程中，确保输出和输入的信息一致，是有多么重要！

👍 日常应用

在信息传递过程中，一定要注意输出信息和输入信息是否一致。如果不一致，就会出现差异现象，导致南辕北辙的结果。为避免这种情况发生，我们可以从以下几点入手。

1. 严谨传递观点

信息失真，往往是因为传播观点时长篇累赘，让人抓不住重点而造成的。为了避免语义失真，我们要尽可能把话语凝练得严谨简短，确保快速准确地输出观点。

2. 谨慎接收观点

管理者接收信息时，一定要做到全神贯注、谨慎细心。倘若拿捏不准信息的准确性，应多次求证，以保证接收到精准信息。

优势富集效应：跑不过黑熊，但能跑过你

约翰和布朗克结伴去北美洲旅行，进入森林之前，约翰准备了一双跑鞋。

"还以为自己去跑步呢！"布朗克暗自嘲笑约翰是个傻子。

进入森林不久，两人就和一只黑熊迎面相遇。

约翰赶忙脱掉靴子换上跑鞋，布朗克讽刺他说："约翰先生，这可不是跑道，你以为穿上跑鞋就能跑过黑熊吗？"

约翰回答说："布朗克先生，我换上跑鞋虽然跑不过黑熊，但却能跑过你呀！"

🎙 趣味点评

约翰准备跑鞋，就预示着他从一开始就比布朗克占据优势。虽然这个优势微小，但在面对黑熊的关键时刻，他将因这双跑鞋而比布朗克跑得快，由此他的优势便突显出来。这种现象，在管理学中被称为"优势富集效应"，它的含义是"起点上的微小优势经过关键过程的级数放大，会产生更大级别的优势积累。"

♟ 管理学解读

同济大学的王健先生是"优势富集效应"理论的创始人。为了让人们更好地明白该理论的含义和应用，他专门写了几本相关的书籍。"优

势富集效应"有三个主要内容：先者生存、群集现象和微量演变，这也是企业发展必然要经历的三个阶段，管理者有必要进行掌握与应用。

身为管理者，在开始规划和执行一个项目的时候，应首先弄清楚，我们和竞争对手相比，有哪些优势。没有优势的话，那就去创新制造优势，哪怕这个优势极其微小。就像故事中的约翰一样，最初只是比布朗多准备了一双跑鞋而已。

这个优势显然极其微小，甚至不堪一提。但在项目进行过程中，总会遇到各种各样的意外。在意外面前，有无优势的差异就体现出来了。当黑熊出现的时候，他们除了尽快逃跑，别无他选。此时，约翰只是比布朗多了一双跑鞋，但他们的优劣势就体现出来了：穿跑鞋的约翰必然跑得过没跑鞋的布朗。在逃跑的过程中，约翰的跑鞋虽然只是一个微小的优势，但因为比布朗跑得快，当布朗被黑熊抓住时，约翰就可以趁机逃走活命。这个微小的优势最后裂变成为保命的关键点，这就是微量演变。

在日常管理工作中，也经常会遇到这种情况。即使是大到如沃尔玛和亚马逊这样的全球性企业，其高层管理者也不得不在面对这种情况时，采用"优势富集效应"来应对。

2017年6月，同为美国企业，全球零售业巨头沃尔玛的电商部首席执行官马克·洛儿，做出要和另一个电商巨头亚马逊争抢电商客户的计划。虽然沃尔玛和亚马逊，一个以线下业务为主，一个以线上业务为核心竞争力，但它们的实力相当，作为竞争对手，可以说是旗鼓相当，不相上下。

沃尔玛有线下大量的客户资源，转型到线上并不难。为了转型成功，沃尔玛还打造了和亚马逊同级别的快递物流业务。在业务能力上，二者也不相上下。沃尔玛要如何突破并打败对手呢？

这时，马克·洛儿做出了一个决定："动员员工在下班路上为网络订单送货。"具体做法就是货车把商品运至距客户最近的沃尔玛店铺，然后由参与这一项目的员工签收商品并送到客户那里，以确保客户在最短的时间里拿到自己购买的线上物品。

沃尔玛和亚马逊在资金实力和技术能力上旗鼓相当，但马克·洛儿的这个决定却给沃尔玛制造了一个微小的优势。当客户急需某款产品时，他会选择尽快送到家里的产品，而不是亚马逊按照常规物流流程好几天才收到的产品。

马克·洛儿的这个计划很快就收到了良好的市场反馈：2017 年第一季度，沃尔玛电商业务增长了 63%，客户超过 400 万，收入超过一亿美元。很显然，沃尔玛已经用这个"最后一英里"的微小优势抢走了亚马逊的一部分客户，将其效益成功裂变成一个巨大的创收。

在"优势富集效应"理论中，优势突显有多种表现形式：既可以是速度凸显，比如幽默故事中"约翰的跑鞋"，速度突显的特点就是在时间上抢占先机，虽然刚开始优势并不明显，但时间上抢了先，就能给客户先入为主的印象，并吸纳很多核心用户；也可以是特色突显，比如马克·洛儿的"最后一英里送货"，这种营销模式抓住客户想要尽快拿到货物的心理，将他们吸纳为核心客户，从而挤占市场份额。

日常应用

管理者一定要懂得先者生存的道理，只要一开始就占据优势，即使这个优势很微小，可关键时刻级数放大，就会产生更大级别的优势积累。为此，在日常管理工作中，管理者应做到以下几点。

1. 制造优势，抢占先机

"优势富集效应"中，优势至关重要，在项目执行时一定要熟悉竞争对手的实力，并制造出比对手更突出而且更实用的优势。如果你的服务比对手更有特色，那么用户肯定会选择你而不是对手。

2. 审时度势，扬长避短

管理者在制造优势时，一定要注意这个优势是否会带来副作用。如果会带来副作用，就要及时清除，重新换一种优势。

冰淇淋哲学：对我来说是一条命

兔子和乌龟赛跑，最后乌龟赢了。第二天兔子要和猎狗赛跑，森林里的动物都为兔子捏了一把汗，因为连乌龟都跑不过，它又怎么跑得过猎狗呢？只怕会成为猎狗的腹中物。

谁知，第二天比赛中，兔子跑在前面，猎狗却久追不上，最后累瘫在地。

动物们好奇地问兔子："昨天你连乌龟都跑不过，今天怎么一下子如此神速呢？"

兔子回答："对我来说，和乌龟赛跑只是一场比赛，和猎狗赛跑可是一条命啊！"

🎙 趣味点评

兔子和乌龟赛跑，它有很强的优势，所以在顺境中难免滋生出了骄傲自满、停滞不前的惰性，导致比赛输给了乌龟。但和猎狗比赛中，兔子处于劣势，它想要生存下去，就必须赢得这场竞争，所以它拼尽全力摆脱逆境。兔子的这种思维，便是管理学中的"冰淇淋哲学"。

♟ 管理学解读

"冰淇淋哲学"的提出者是著名的台湾商人王永庆。他 16 岁便开办米站，从此在商海里闯荡，一路磕磕绊绊，积累下了不少管理经验。38

岁那年，他创立了台湾塑胶公司，专门生产塑胶原料 PVC。第一年他领导员工生产了 100 吨塑胶，但只卖出 20 吨，剩下 80 吨积压在库房。

这时他的合伙人要求卖掉公司结束企业，但被王永庆拒绝。他变卖家产买下合伙人的股份，企业也成为他一个人管理的公司。家产变卖、产品积压、市场黯淡，王永庆当时承担着难以想象的压力。

在这种情况下，王永庆总结出了"冰淇淋哲学"，他说"卖冰淇淋想要成功，那么就要从冬天开始。因为冬天天气寒冷，顾客少，想要生存下去，就必须要想办法降低成本，并改善服务。如果冰淇淋能够在冬天成功销售，那么夏天也就能打败其他竞争对手，占据冰淇淋市场。"

"冰淇淋哲学"，本质上来看，其实就是压力管理。能承担住压力，就能让企业发展，不能承担住压力，企业就只能倒闭。不难看出，王永庆正是利用这套哲学发展他的塑胶公司。他在解决了最初的困境后，又人为地制造出很多压力。比如，他每天都在公司吃午饭，并让下属利用这个时间汇报工作，有问题及时纠正处理。下属们为了汇报，必须每天专注地去了解自己所在部门的一切事情，压力非常大，但也正是这种压力确保了公司每天都处于良性运作状态。在这种压力管理下，王永庆的塑胶公司不但没有倒闭，反而一路高歌，最终被他推进了世界化工业企业的前五十名。

顺境中的人们总陶醉于美好生活，容易滋生出懒散的情绪，就像幽默故事中的兔子一样，在没有压力的情况下，它连乌龟都跑不过。当面对荆棘丛生，压力重重的困境时，反而激发了斗志。兔子在和猎狗的比赛中能够胜出，便是这个道理。

身为一名管理者，要管理的不只是企业，还有员工。所以不仅要自己掌握"冰淇淋哲学"，像王永庆那样在压力下开拓市场，同时还要把这套哲学应用到员工身上。之所以这样说，是因为很多员工都会像兔子一样，在没有压力的环境下就会滋生出停滞不前的惰性，这时就需要管理者给他们人为地制造一些压力。

特斯拉公司的创始人马斯克，从创业那一天起就一直秉承"冰淇淋哲学"，他不但给自己制造了很多压力，比如彻夜工作、累了就睡办公室等，他还给员工也制造出很多压力。

他有一个助理名叫玛丽·贝斯·布朗，是一个很可爱的姑娘。布朗刚到公司的时候，能力并不强，人事部原把另一个能力强的姑娘安排给马斯克做助理，但那个姑娘很快就辞职，去了另外一家公司，于是布朗被提拔上去。成为助理后的她很快就明白了那个姑娘为什么辞职，因为马斯克每天都要交代给布朗很多工作，并要求她及时做出反馈。布朗丝毫不敢松懈，每天的工作不做完就决不去睡觉。几年以后，布朗成为马斯克身边最得力的助手。

如果没有马斯克的压力管理，布朗也不可能逼着自己去学习去充电，能力也就不会有提升，那么在残酷的职场竞争面前，她也只能束手待毙。冰淇淋能够熬过冬天的市场，是因为降低成本、口味多样化，才能成为夏季市场的霸主。布朗能够避开被职场淘汰的命运，是因为马斯克的压力督促她拼命成长，即使有一天马斯克不再聘用她，凭着她的能力，去任何一家大公司都会是抢手的人才。

作为管理者，只有具备了这种"冰淇淋哲学"，才能逼着员工去提升自己。当管理者和员工都有了战胜逆境的动力与能力，企业发展就会十分顺利。

👍 日常应用

几乎每个员工在顺境中都会滋生出惰性。管理者要把员工置于逆势，给员工施加压力，这样一来，员工想要生存下去，就会拼尽全力摆脱逆境，惰性也会一扫而光。想要在管理中利用"冰淇淋哲学"，就要做到以下两点。

1.给自己制造压力

想要让员工承担压力，首先你自己就要做出表率。在压力面前，不要给自己设限，定一个高远的目标，突破思维的樊篱，找出解决压力的办法。在这个过程中，你的能力将会得到很快的提升。

2. 给员工制造压力

给员工设立目标，并严格要求他们按时按量做到；实行奖罚分明的制度，有能力提升的员工要给予丰厚的奖励，没有能力提升的员工要惩罚。只有这样，员工们才愿意接受你所制造的压力，在逆境中迎风成长。

弼马瘟效应：不是坏事

林肯当选美国总统后，组阁时将对手蔡思选为财政部部长。银行家巴恩对他说："总统先生，这是个自大的家伙，他甚至认为自己比您还要伟大。如果选入内阁，您会很麻烦。"

林肯说："除了他之外，您还知道有谁想要谋求总统职位？"

巴恩回答："知道又怎样呢？对您来说可不是一件好事。"

林肯说："当然不是坏事，他们会让内阁活力四射。"

🎙 趣味点评

蔡思对权力有着狂热的执着，他一心想要谋求总统职位，这让总统林肯身边的人都为林肯捏了把汗，怕蔡思做出不利于林肯的事情来，毕竟，谁愿意在自己身边放一颗"定时炸弹"呢？然而，林肯不但不惧怕蔡思会危害到他，反而还任命他为财政部部长。林肯之所以这样做，是因为他想利用蔡思对权力的热忱来鞭策他工作。

在林肯看来，蔡思一心想要爬上总统的位置，自然就会认真工作做出成绩以向民众证明自己的能力，这样就能激发出蔡思的工作能力，工作效率也就能成倍提高。林肯针对蔡思所用的管理办法，就是管理学中的"弼马瘟效应"。

♟ 管理学解读

基于中国传统文学古典名著《西游记》的传播，一听到"弼马瘟效应"这个名词，就会让人联想到孙悟空。他因为本领高超，又一心想要做天上的管理者，所以玉皇大帝就封他做了个"弼马温"，谐音也就是"弼马瘟"，该官的职能就是负责给玉帝养马。

玉皇大帝任命孙悟空来做这件事情是有原因的，因为马儿在安静的马厩中生活，容易惊怒，稍有一点声响就会惊恐失措，所以需要平日里就让马厩保持一种嘈杂的氛围，习惯了这种嘈杂的氛围，马儿就不容易受到惊吓。而猴子天性好动，有它在，马厩里就能一直保持热闹嘈杂的氛围，马儿也就能健康强壮地生长。

有人巧妙地把这种管理行为应用到企业管理中：企业好像马厩，员工好像一匹匹骏马，市场好比战场。只有让这些骏马保持良好的状态，才能随时驰骋沙场。而要让员工们像骏马一样保持良好的状态，就需要管理者做"弼马瘟"。

一家互联网产品公司，管理者是创始人和总经理两个人。这两个人工作配合得非常默契，他们把这家企业管理得红红火火。总经理是一个年仅二十多岁的年轻人，在言谈中对创始人充满感激。原来他在来这家公司之前，在一家大型互联网公司任职，但性格"我行我素"，被原公司的领导称之为"问题员工"，结果不但把他开除了，还把他的名字登上了同行业员工的黑名单。

当时他很绝望，以为自己再也无法从事此类工作了。然而，没过几天，他就接到了这家公司创始人的聘用，创始人鼓励他放手去质疑和变革。有了这份鼓励和信任，他在新的工作岗位上带动员工大刀阔斧地施展才华，很快这家互联网公司就崛起了。

很显然，创始人就是一个善于运用"弼马瘟效应"的管理者。他给自己的公司配备了"弼马瘟"式的总经理，用他的特点和优势增强其他员工的活力和创新力，所以公司得以迅猛发展。

　　玉皇大帝任命孙悟空做了马厩的管理员后，孙悟空挥洒激情，每天都去马厩训练马匹，马厩的马匹个个都膘肥体壮，在他的管理下，天庭的宝马前所未有的强健和桀骜不凡；林肯任用蔡思做财政部部长后，蔡思每天都充满活力，不但把本职工作做得非常好，而且还督促整个财政部门的工作人员把自己的本职工作做好，在他的管理下，财政部门在财政预算和宏观调控方面做得比美国其他任何一届财政部门都要好；互联网公司的创始人任命了有创新力的人为总经理，公司员工的活力被调动起来，公司的发展一日千里。这些现象无不说明：身为企业的管理者，学会巧用"弼马瘟效应"，增加员工的活力，加速公司的发展。

　　或许你会说，企业里的员工可能不会像蔡思那样对权力有狂热的追求，而且他们或许也没有那份追求权力的能力，但身为管理者要明白一件事：你和企业都需要员工对工作有积极的态度和热忱的动力，这也是应用"弼马瘟效应"的必要原因之一。

👍 日常应用

　　管理者要多多任用"弼马瘟"型的人去管理团队，因为他们能够鞭策员工，改变员工的懈怠状态，增强企业活力，令整个企业的面貌焕然一新。那么如何才能识别谁有担当"弼马瘟"这种角色的潜力呢？管理者可以从以下几点角色特征来进行判断。

1. 对项目爱问"为什么"的人

　　仔细观察团队里面谁是爱提出质疑的人。有质疑精神的人往往具有独立思考的能力，当他发现方向正确时，就能带动其他员工一起为实现目标而做出积极努力。

2. 有创新精神的人

　　要去挖掘那种有创造冲动的人，并重用他们。这样的人有开放性思维，给他们投身实践的机会，他们就能给团队带来创新的热情。

第三章　协调篇

积极对待冲突，让员工跟上你的步调

磨合效应：请告诉我对手是谁

决战前夕，长官对他的士兵们说："大家做好思想准备，明天我们就要一对一肉搏了。"

一个新兵出列，向长官"啪"地行了一个礼，说："长官，请告诉我，我的对手是谁？"

长官问："小子，你要做什么？"

新兵回答："我相信自己的能力，只要让我和对手交流一下，就一定能达成一个双方都满意的和平协议。"

🎙 趣味点评

新兵从未接触过战争，对战争和肉搏有莫名的恐惧，这完全可以理解。不过，这个新兵自有解决恐惧的方法，他知道自己和对手是陌生的个体，他想到要用交流来增加了解，解决冲突。虽然他的想法在战场上显得可笑至极，但在企业管理中，这种做法却非常实用，管理学中把这种做法称为"磨合效应"。

♟ 管理学解读

磨合现象最早引起人们的注意是在发明机器之后。当一台机器被组装好，各个零件之间就形成了相互依赖的关系，机器运转起来后会受到外力的阻挠，这些零件需要共同面对和消除这些外力，才能让机器正常高效地运转。但每个零件都是独立的个体，想要让它们共同来抵御外力，就需要让它们融为一体，而让它们"融为一体"的过程就是一个磨合的过程。

后来，管理者们在工作中发现，这个"磨合效应"在团队中也同样存在：一个团队就好像一台机器，团队里的员工就是机器上的零件，每个员工都有自己独特的个性，但又需要团队成员团结一心共同完成团队的项目。在这期间，员工之间会发生摩擦，产生矛盾，管理者想要让他们团结一致，就需要团队成员的相互磨合。

该幽默故事中的士兵，害怕和对手肉搏，想出要和对手进行沟通交流，经过思想磨合以达到和解并"停战"的目的。显然，这在实际战斗中是不可能的，但士兵的想法在管理工作中却很是值得借鉴。

艾丽在沃尔玛公司旗下的一个分店里担任部门经理，因为要开始一个新项目，她招收了两名新员工小强和小米。这两个人刚报到，艾丽就发现他们性格不合：小强做事干脆利落但毛躁，小米细致认真却磨叽。艾丽心想，这世上没有十全十美的人，这两人性格相反，正好做一个互补，于是就把他们二人招聘到了公司。

谁知在最初的工作中，二人并不如艾丽想象的那样能够很好地互补，而是相互诋毁、相互拆台。小米嫌小强做事情毛躁，不能把事情做得更加完美，而小强又嫌弃小米效率太低，工作进度慢。两人都嫌弃对方不够好，经常相互指责，甚至发生争吵。

其他部门的人都知道这两个人，也都劝艾丽辞退他们。可是艾丽并没有采纳其他同事的建议，而是对这二人进行指导。因为她知道，员工和员工之间是需要磨合的，即使现在把这两个人辞掉，再招聘新人时同样要面对这个问题。与其反复重复这一件事情，还不如现在让他们努力进行磨合。

艾丽首先找到小强，先肯定了他的优势，又针对他毛躁的问题提了些建议，并告诉他，小米的建议是极好的。然后艾丽又找到小米，肯定了她的成绩，并告诉她做事情一定要向小强那样快，效率才能提起来。在艾丽的用心指导下，小强和小米都认识到了自己的问题，各自收敛了脾气，学习对方长项，很快就磨合成为一对配合非常默契的搭档。

"磨合效应"有一个很大的特点，就是磨合双方为了达到默契合作的目的，必须要有必要的割舍。上文中的小强要割舍掉自己"看不惯磨叽"的作风，也要改掉自己毛躁的习气；同理，小米要割舍掉对小强"做事毛躁"的不满，同时也要改掉自己做事拖拉的毛病。

艾丽管理小强和小米的案例，在团队工作中经常会遇到。其实，这种只是提升员工的能力，磨合起来不是很痛苦。还有一种磨合，是为了团队项目的顺利发展，必须割舍掉自己的优势，这种磨合虽然痛苦，不过换来的成功也最有价值。

贾先生是政府部门的一位领导，擅长监察工作，在单位混得风生水起。但他想做一份更有激情的工作，于是辞职进入了一家大型互联网科技公司。基于他丰富的工作经验，公司老板聘请他做了公司业务部门的主管。然而，贾先生上班没多久，就和业务部门的员工们处于对立状态。原来他虽然换了工作，但头脑中还是原单位的思维模式，每次安排完工作后，他不是和员工们探讨业务怎么发展，而是对员工们的工作批评挑刺。他的行为让员工们很委屈也很愤慨，部门的工作氛围也开始变差，绩效也很不好。

苦闷的贾先生和老板谈话后，意识到自己和下属们的磨合出现了问题，于是他不再以监察为工作重心，而是与下属们积极探讨业务，把目光转向市场，通过收集与分析信息，为部门的业务发展提供准确方向。员工们有了准确方向，自然就有了拼搏的动力，没多久他们部门的绩效就提上去了。

从以上案例可以看出来，"磨合效应"既存在于员工之间，也存在于管理者和下属之间。管理者必须切实掌握员工的真实想法，才能消除员工之间、自己和员工之间的隔阂，让大家尽快度过磨合期。

👍 日常应用

团队成员之间难免会有冲突，管理者可以从以下几点入手，制造成员间沟通交流的机会，让员工适应彼此，以便更好地相处。

1. 组织团建、群聊等活动

如果是刚组建的新团队，可以建立微信群，让大家在群里发言，积极互动，以促进相互了解；也可以搞团建活动，让团队成员在活动中提升契合度。

2. 采取恰当的沟通方式

隔阂，是因为双方陌生，也可能是因为沟通方式或沟通时机不对。比如在员工在情绪失控的状况下去指责他，不但不能消除隔阂，反而还会引起冲突，所以采取恰当的沟通方式是非常重要的。

米格 — 25 效应：我做下下马

四年级时，小强和同班的一个同学打架。同学比小强要壮一些，于是小强喊来六年级的哥哥，而同学连忙喊来初二的堂哥。后来，小强又喊来高一的小叔，同学也喊来高三的小舅。

大家约定一比一单挑，而且每个人只能打一局。小叔派小强出面和同学的小舅对打，同学当场耻笑小强："你能打过我小舅，做梦！你请来的到底是救兵，还是索命鬼？"

小强也被同学小舅吓得腿直哆嗦。

可小强的小叔说："怕什么！有我在呢，尽管上。"

结果当然是小强输了。但后来小强的哥哥挑战小强同学，小强的小叔挑战同学的堂哥，最后都以小强方胜利结束。

同学哭着对小强说："原来你小叔使用的是'田忌赛马'的战术啊！"

浑身青一块紫一块的小强也欲哭无泪："早知道我做的是那匹下下马，还不如让你打一顿呢！"

🎤 趣味点评

同学方的力量显然要比小强方的力量强，但小强的小叔运用"田忌赛马"的战术，将劣势资源进行巧妙的组合，做到优势互补，优化组合，从而得到了三局两胜的结果。虽然小强做了下下马，但小强团队的人加在一起，却是一个目标一致、分工明确、优势互补的优秀团队。这种团队组合迸发出来的效应，就是管理学中典型的"米格 -25 效应"。

管理学解读

"米格— 25 效应"缘起于苏联研制生产的米格 -25 喷气式战斗机。当时，苏联无论在科技还是军事方面都比美国要弱，战斗机的零部件和美国同期战斗机的零部件相比起来，性能落后很多。当时所有人都不看好这款战斗机，认为它即使研制出来，也无法与美国的战斗机抗衡。

谁知，米格公司巧妙地对这些性能不高的零部件进行了优化组合设计，使它在升降、速度和应急反应等方面都超越了美国战斗机。后来，管理学家们把这种协调后产生巨大性能的效应称之为"米格— 25 效应"。

管理者管理的是团队，团队就相当于一架战斗机，员工就是战斗机上的零部件，安排协调得好，他们就能发挥巨大的工作潜力，如果协调不好，就会相互掣肘，不但不能发挥巨大潜力，甚至会使团队犹如逆水行舟、举步维艰。

一个睿智的管理者，总是善于把每个"零部件"的功能都发挥到极致。就像幽默故事里的小叔一样，他让最弱的小强去迎战敌方最强的对手，强大的他则出面应对敌方的第二级别的对手，而小强方第二级别的哥哥则去应对敌方第三级别的对手，这样一经协调，小强方的两个人都能发挥自己的最大优势，相比之下，对方只有一个人能发挥最大优势，那整体的战斗力也就不言而喻了。

许多著名的管理者把米格— 25 效应，应用于他们的管理工作中，并获得了巨大成功。中国女排的郎平教练就是一个擅长使用米格— 25 效应的人。在每次的比赛中，她都针对队员们的特点进行上下场调换；在比赛过程中，她也会根据对手的实力调换队员们的顺序。正是因为这种结构上的组合变化，形成了强大的战斗力，令女排所向披靡，一路高歌，多次摘下世界杯冠军的桂冠。

可见，身为一名管理者，一定要对团队里的每个成员的特点了如指掌，只有这样才能针对他们不同的心理、情绪和能力进行最佳协调组合。在这种组合中，成员们能够相互吸收有益的经验，弥补各自不足，使整体发挥出大于个体之和的能量。

当然，你或许会说，你的团队成员没有女排运动员们那么优秀，但米格—25效应所涉及的不是队员个体的能力问题。要知道，中国有句老话叫"三个臭皮匠胜过诸葛亮"，每个人都有自己的长处和优势，只有不会协调安排的管理者，没有笨拙不堪的员工。

在杭州的凯旋路上有一家特殊的洗车行，该团队的成员都是有着各种智力障碍的青年。一般来说，像脑瘫、自闭和唐氏等症状的人是没有工作能力的，但该团队的管理者却将他们巧妙地协调在一起：脑瘫患者不能进行正常的体力劳动，就让他们做沟通工作，客人来去时送上温情的话语；唐氏患者和自闭患者无法与人进行顺畅交流，就安排他们去做体力劳动，确保客人的车辆洗得干干净净。

如果把他们单独放进社会，他们每个人的确都不具备独立生活的能力，但经过管理者的巧妙组合，他们就变成了一个优秀的团队。这就是对米格—25效应的最佳诠释。管理者要善于对劣势资源进行巧妙的优化组合，才能打造出一个目标一致、分工明确、优势互补的优秀团队。

👍 日常应用

当我们带领一个团队时，想要让成员们整体发挥最大的潜能，最好的办法就是给他们设计最协调的组合搭配。

可怎样才能做到最佳协调，这始终是管理者头疼的问题，对此，我们可以从以下几点入手。

1. 资源优化

在成员调配问题上，要对劣势资源进行合理组合，用优势资源进行互补。

2. 要懂得取舍

要把有限资源放在关键位置上，切忌面面俱到，只有这样，才能以弱胜强。

氨基酸组合效应：自有办法

商人杰克的儿子为找工作的事情愁得焦头烂额。杰克说："儿子，别急，我自有办法。"

杰克找到总统，说："我要推荐一个人给您做财政部副部长。"

总统说："财政部副部长可不是一般人能做的！"

杰克说："我推荐的可是世界银行的副总裁。"

总统很惊喜："真是太好了！"

杰克又找到世界银行的总裁，说："我推荐一个人做您的副总裁。"

总裁说："我的副总裁已经有几十个了。"

杰克说："我推荐的可不是一般人，他是总统内阁的财政部副部长。"

总裁大吃一惊："哇！那当然没问题！"

就这样，杰克的儿子不但做了总统内阁的财政部副部长，还做了世界银行的副总裁。

🎙 趣味点评

在这则幽默故事里，父亲杰克的运作非常具有完整性：他巧妙地抓住总统和世界银行总裁所需人才的特点，将"世界银行的副总裁推荐给总统做财政部副部长"，又把"财政部副部长推荐给世界银行总裁做副总裁"。"财政部副部长"和"世界银行副总裁"这两个要素每个都很关键，缺少任何一个要素，这个逻辑都不成立。

这就好像组成人体蛋白的八种氨基酸，只要有一种含量不足，其他七种就无法合成蛋白质，这就是管理学中著名的"氨基酸组合效应"。

♟ 管理学解读

虽然"氨基酸组合效应"看起来很复杂，但是它讲的是关于协调的问题。管理者在做决策的时候，一定要认识到每个要素都能在接下来的工作中起到至关重要的作用，所以要全盘统筹，不能忽略任何一个环节的存在。

某家公司的共享单车曾经在中国的大江南北随处可见。随着共享单车时代的到来，各路资本纷纷跟投，一时间，融资、扩张成了每天耗费管理者们精力最多的事情。在管理者的规划下，这家公司的共享单车进入美国、奥地利等多个国家，要说当时全世界一片"中国共享出行"，一点都不夸张。可就是这样一家企业，却在转瞬之间陷入资金断裂的漩涡，最终面临倒闭的境地。

从该公司共享单车的发展历程中，我们不难看出，该公司最初兴起的时候具备一家企业成功的所有要素：广阔的市场、大量共享出行的需求、雄厚的研发技术，还有多家资本的跟投融资。在互联网时代，这几项要素是成就一家公司成为"独角兽"的基础，缺一不可，这家公司也因此一度成为全球最有潜力的公司之一。

手上持有大把的资金，又坐拥广阔的市场，接下来，管理者们做出了扩张市场的决定，他们把共享单车输送到海外的多个国家。然而，管理者们却忽略了一个要素：资金链能否持续跟进？会不会断裂？虽然市场前景很壮观，但由于缺乏可靠的盈利模式，共享单车无法自己造血。持续的烧钱，很快让这家公司的资金链出现断裂，公司也就一下子从崛起的帝国跌入到倒闭的深渊。这就是管理者在做决策的时候，没有全盘兼顾的后果。

在企业的发展过程中，每一个要素都很关键，当每个要素都"缺一不可"时，"一"就是"一切"，这就是"氨基酸组合效应"的关键。管理者做任何一个决策的时候，要将每一个要素考虑周全，否则就会为企业发展埋下隐患。

除了做决策外，管理者在面对员工的时候，这条定律也同样适用。一个高效的团队，每一个成员都是不可缺少的螺丝钉，任何一个成员出错，整个团队就会遭受牵连，甚至是遭到灭顶之灾。

法国巴黎银行的管理者，一直以来就很信任员工的专业水平和能力，他们相信旗下的员工能够把工作进行得很好，所以平日里都只是狠抓业务，对员工的督促管理相对较少，这种管理方式导致有些员工出现了工作懒散现象。

2018 年的圣诞节前夕，银行中一位名叫 Lours 的交易员建立了标普 500 指数的相关仓位后便出去度假了，懒散麻痹的他完全没有考虑到建仓后可能会出现的突发情况。在他度假期间，标普 500 指数大跌，创下史上最糟糕的行情，而 Lours 因为在外度假根本不知道发生了什么，这导致银行亏损了 8000 万美金。如果不是因为法国巴黎银行资本雄厚，只怕这次亏损就足以让它破产。

俗话说"一粒老鼠屎坏掉一锅汤"，这句话用在这条管理学理论中也同样适用。每一个员工都是团队中不可或缺的因子。想要让项目良好地进行下去，管理者就要时刻观察每一个员工的工作状态，让员工们都发挥出各自的关键作用，万万不能让"一粒老鼠屎坏掉一锅汤"。

👍 日常应用

当管理者做决策时，每个要素都很关键，缺少任何一个要素，或是任何一个要素出现问题，都会对全局造成不良影响。想要发挥"氨基酸组合效应"，在日常工作中要注意以下几点。

1. 认清每一个要素

进行一个项目的时候，要仔细确认每个要素的情况。只有把每个要素都掌握清楚，才能做到统筹兼顾。

2. 对薄弱环节进行重点分析

细节决定成败，很多时候都是薄弱环节拖了后腿。所以在做决策之前，要重点分析薄弱环节，并做好补救措施，防患于未然。

3. 让员工始终保持风险意识和责任感

不要因为员工的能力优秀，就对其放任自流、不闻不问。每个人都有可能疏忽大意，管理者要把责任分担到位，让员工始终保持风险意识和责任感，努力将差错概率降至最低。

肥皂水效应：给疯子让路

印度诗人泰戈尔写了一首诗，却被一位反对他的批评家指责为疯子。

有一天，泰戈尔和批评家在一条狭窄的小路上迎面相逢。批评家傲慢无礼地对泰戈尔嚷道："告诉你，别指望我给一个疯子让路。"

泰戈尔淡然一笑，回答说："很不幸，我恰好相反。"说完，转身站在一边，让批评家走了过去。

🎤 趣味点评

泰戈尔被批评家无端地指责为疯子，而他并没有生气，反而在狭路相逢时，表现出大度的胸襟，让批评家先走过去。但他也并没有不作为，而是巧妙地将驳斥的话放在温和的对话中，让对方不知不觉地接受了自己的批评。将批评夹在温和的对话或赞美中，泰戈尔完美诠释了管理学中的"肥皂水效应"。

♟ 管理学解读

"肥皂水效应"缘起于美国前总统约翰·卡尔文·柯立芝。身为美国的最高管理者，柯立芝带领世界上复杂而又强大的团队，积攒下了大量的管理经验，他总是能够针对团队里每一个成员的特点进行有的放矢的管理。

柯立芝手下有一名女秘书，不但人长得非常漂亮，而且工作能力很强，但唯一遗憾的是这个女秘书有些粗心大意，时不时就会出个错。这让办公室的其他成员都很苦恼，有人甚至私下里请求柯立芝开除她。柯立芝拒绝了这个请求，他说："我自有办法纠正她。"

这天，女秘书一走进办公室，柯立芝就夸赞她说："你今天穿的这套衣服真漂亮，很适合你这样漂亮的小姐。"突然被总统夸赞，女秘书顿时受宠若惊。随后柯立芝又说："我相信你的工作也会处理得和你穿的衣服一样完美，毫无瑕疵。"女秘书红着脸用力地点头。从那以后，她在工作上真的再也没有出过错。

其他同事知道这件事后连声喊叹，询问柯立芝是怎么做到的。柯立芝回答说："我们都有刮胡子的经验，为什么刮胡子前要涂一些肥皂水？就是为了刮胡子时减轻疼痛。"柯立芝想要指正女秘书的错误，这意味着要去否定她，可任何一个人被否定都不会开心，但如果在否定前先肯定他，结果就会不一样。柯立芝先肯定了女秘书的穿衣品味，然后才提到她的工作要再细心些，如此一来，她就很容易接受批评了。

以肯定指出否定，以赞美取代批评，后来人们就把这种方法称为"肥皂水效应"。将这种方法应用到团队成员管理中，经常会起到事半功倍的效果。

就像幽默故事中的批评家，他对泰戈尔充满成见，态度非常恶劣。这时候，泰戈尔想要驳斥他的偏见，无异于火上浇油，不但不能打消他对自己的成见，反而会引起他更大的抵触。于是泰戈尔巧妙地将驳斥放在温和的话语中，乍听之下仿佛是在向批评家示弱，事实上却是在不激化矛盾的情况下巧妙地驳斥他。

事实上，倘若你仔细观察，就会发现，很多成功的管理者都是善于利用"肥皂水效应"的高手。

雅明是以色列的著名企业家，他成立了一家智能停车系统公司，业务遍及全球。他的下属中有一个名叫默多克的年轻人。默多克是一名出色的技术工程师，在技术创新方面能力很强，但他很内向，和人交流沟通的能力也很差，经常会因为交流不畅被客户投诉。

因为公司业务遍及全球，一旦某国的产品出现问题，本雅明就需要安排技术工程师去当地处理，所以技术工程师要经常出差。但默克多的内向性格让其他人并不看好他，总是担心他去海外出差时会把工作搞砸。这天，默克多又攻克了一个技术上的难关，并把智能停车技术提升了一个等级。本雅明非常高兴，对他说："默克多，你在智能技术方面的能力已经跃居到世界领先水平。我很为你骄傲。"默克多听了很高兴。本雅明又接着说："我相信，你的社交能力和你的技术水平一样棒。"默克多听后没有说话，但第二天他就申请了去海外处理技术问题的工作。后来，他的社交能力变得非常强，成为擅长交际的多面手。

当所有人都在指责默克多的性格缺陷时，本雅明却选择了赞美。他的赞美减少了默克多的抵触情绪，明知领导是在批评自己的社交能力，但默克多很安静地接受批评并做出了巨大改变。这就是巧用"肥皂水效应"的完美结果。

我们都是和本雅明一样的普通人，没有柯立芝总统那样的高级别团队，但在管理团队上却有着同样的经历。柯立芝和本雅明的经历告诉我们：用同样的管理经验来管理团队，无论是大至总统级别的管理者，还是小到一个超市团队的管理者，都同样能获得成功。

👍 日常应用

在驳斥他人时，怎样巧妙地将批评的话语放在温和的言谈中，在不激怒对方的前提下让对方接受自己的批评呢？

1. 态度要诚恳

无论是赞美还是批评，我们都要摆出最真诚的态度。因为真诚是一种心灵的开放，它能让我们和对方处于一种互不设防的自然状态下，从而避免引起对方的抵触和逆反情绪。

2. 语言要谨慎

想要从赞美中达到批评的效果，用词遣句就一定要注意，不能逻辑混乱，否则就会给对方不知所云的感觉，也就会达不到你想要的效果。

磁力法则：被罢免的猫头鹰总统

森林动物选举总统，猫头鹰本不想参选，却获选了，但不久它就又被动物们罢免了。

猫头鹰愤愤地说："我不想做总统时，你们拼命推我上去。我还没有享受够权力，你们又要把我拉下来。你们这些骗子！"

小动物们说："不是路不平，是你真不行。"

猫头鹰问："我哪里不行？"

小动物回答："伙计，白天你闭着双眼什么都不管，晚上你睁一只眼闭一只眼还是什么都不管。"

🎙 趣味点评

动物们选举总统，是希望总统关心他们的生活，能为他们谋福利。但猫头鹰每日每夜都在打盹，对其他动物毫不关心，对他们的需求视若无睹。动物们的需求得不到满足，所以就选择疏远他，并把他赶下管理者的位置。在管理学中有一种名为"磁力法则"的理论，就是针对这种现象提出来的。该理论指出：在心理上赢得下属，并吸引他们来积极工作，是一种"磁力法则"。

♟ 管理学解读

"磁力法则"的提出者是美国哈佛大学商学院的管理学教授约翰·科特。他早在 1972 年就执教于哈佛商学院，穷其一生都在探讨和研究管理者在领导力和管理这两个领域的关系。他说："取得成功的方法，是 75%~80% 的领导力，加上 20%~25% 的管理。而不能倒过来。"在他看来，一个成功的管理者，管理的经验在成功中只占有 20%~25% 的分量，在这 25% 的位置上，"磁力法则"又占据一席之地。

让我们先来看一看"磁力法则"的要素。科特说："你是什么样的人，就能吸引什么样的人。"这与中国的俗语"物以类聚，人以群分"有着异曲同工之处。然而在管理学中，"磁力法则"还具有更高一层的含义——吸引人来的是管理者的能力，而绝不是管理者的手段。所以，管理者的能力很重要。

幽默故事中的猫头鹰，之所以被选为森林里的总统，是因为它有昼夜都能视物的本事，这个能力吸引了动物们，所以它们选了它。然而在它担任了总统后，却并没有把这项能力很好地体现出来，没能满足动物们的需求，所以动物们就将它罢免了。

失败的管理者对下属的需求视若无睹，下属就会选择疏远他，并把他赶下管理者的位置。但很多管理者都像猫头鹰一样，不懂得这一点。而成功的管理者由于能够满足下属的需求，能在心理上赢得下属的支持，因此能够吸引下属积极为企业工作。让我们来看看这些成功的管理者们都是怎么做的。

马云最初只是杭州电子科技大学的一名老师，因为拥有创业的热情，于是自己一个人成立了海博翻译社。过了几年，他辞职成立了中国第一家互联网商业公司，这时，他的能力吸引了他的夫人张瑛和何一兵的加入。可他并不满足，始终怀着创业的热情和对成功的渴望，四年后他开始开发阿里巴巴网站。这时，他对创业的热情成为他的人格魅力，吸引了 18 个人成为他团队里的成员。后来马云成为阿里巴巴的创始人，这 18 个人就是大名鼎鼎的"十八罗汉"。

马云成立阿里巴巴的时候，并没有钱。但他无比旺盛的进取心已经赢得下属的心。正是他无比旺盛的进取心把这 18 个人的团队打造成一支强有力的团队，在马云的带领下，他们如雄狮猛虎，所向披靡。

可见，一支成功的团队，其关键点在于管理者的领导力。只有管理者具有非凡的领导力，才能吸引有才能的人加入，马云和他的"十八罗汉"团队就是一个很好的例子。如果你没有很强的领导力，不能够为成员谋福利，不能满足成员的需求，即使成员有心和你一起打拼事业，最终也会弃你而去，就像森林里被动物们罢免的猫头鹰。

要想成为一个具有非凡才能的管理者，首先，你得是一个目标明确的人。只有目标明确，才能以目标为导向，进而和成员一起坚持实现目标。其次，你得是一个善于倾听他人意见的人。只有善于倾听他人的意见，才能让团队成员打开心扉，表达出自己的真实想法。再者，你还需要是一个懂得尊重他人的人。人性的心理中有一条观点是"有参与就会受到尊重"，管理者对成员的尊重，会让成员更加积极主动地靠近你并拥护你。

如果你是一名管理者，或是你正打算组建团队，那么就尽情地在成员面前展示你的实力吧，让你的实力像磁石那样，以不可抗拒的力量把和你有着同样思想和热情的人吸引到你身边来。当你有了一支和你志同道合、协同一致的团队后，你就已经成功了一半。

👍 日常应用

在日常管理工作中，如何更好地在心理上赢得下属，吸引他们聚拢过来，积极地投入到工作当中去呢？以下几点有助于增强管理者对团队成员的凝聚力。

1. 培养默契

在日常工作中要有意识地培养你和员工之间的默契，只有这样，你们才能做到"心有灵犀一点通"，才能志同道合，为同一个目标共同奋进。

2. 维护原则

一个团队里，成员们既是一个共同体，同时也是不同的个体，你想要大家追随你，就不能以自我为中心，而是要维护成员的权利，以满足成员的需求为重。

情绪效应：死神带走一百人

死神托梦给镇长，告诉他自己将要带走镇上一百个人。镇长醒来后，把这个消息通过广播通知了全镇的百姓。第二天，镇上死了一千人，百姓们怨声载道。

镇长梦里再次见到死神，气愤地指责道："你这个家伙说话怎么不算话？说了带走一百人，为什么要带走一千人？"

死神回答说："这可不怪我啊，伙计。我是只带走了一百人，其他九百人是听说我要来被吓死的。"

🎙 趣味点评

原本只会死一百人，可听说死神要来，本来不会死的那些人因为焦虑和恐惧竟被活生生吓死了，这些人的死亡是因为情绪波动导致的，可见情绪传染的重要性。在管理学中，把这种现象称之为"情感效应"。

♟ 管理学解读

"情绪效应"指的是一个人的情绪会影响到另一个人乃至一个群体的情绪。它和"蝴蝶效应"相似，都是受到某一种诱因的影响，导致另一些看似不相关的个体也产生了反应。只不过，和蝴蝶效应有所不同的是，情绪效应始终对应主体和客体双方，是主体对客体的不同所产生不可思议的差异。也就是说，一个人的情绪状态可以影响到他人对其今后的评价。

作为美国总统的特朗普，他的情绪波动之大，全世界都有目共睹。早在他参选美国总统的时候，国际金融大鳄索罗斯就说过："他是一个终极自恋狂，必将把世界毁灭。"后来，在 G7 峰会上，特朗普情绪波动不断，他先是炮轰加拿大，然后又炮轰欧洲，并像小孩子一样在推特上发出非常情绪化的言论："美国保护了欧盟，但美国却在贸易上没有得到好处。"索罗斯因此对特朗普更加不看好，他警告特朗普，他的情绪波动不但会给欧盟带来生存威胁，甚至会把自己"作"得倒台。

事实上，特朗普任职总统这几年，推行了很多让美国优先的政策。相比起其他总统想当世界人民的领袖，特朗普却伤害了很多他国的利益，但不得不承认，他让美国民众很受益。但即使是这样，索罗斯对他的评价依然非常糟糕。这就是情绪效应的结果。由此可见，一个人管理好自己的情绪是多么重要。

身为一个管理者，特朗普的情绪波动，让外界对他的评价很不好。同样的，面对自己的下属时，管理者也要管理好自己的情绪，因为团队成员的评价比外部评价更为重要。如果说 个企业是 艘大船，那么管理者就是船上的掌舵人，而团队成员则是水。水能载舟，也能覆舟。团队成员能够成就你，助力你驶向成功的彼岸，也能够颠覆你，让你瞬间船翻人亡。

亚马逊的创始人贝佐斯是一个优秀的管理者。在他的管理下，亚马逊已经发展成一个集零售、技术和数据于一体的全球性公司。但亚马逊在建立之初，却差点毁在贝佐斯的坏情绪上。

亚马逊刚成立的时候，在西雅图郊区的车库里，只有几名员工。他们每天除了要接单、打包外，还要开会。贝佐斯是一个工作狂，他绝不把问题留着过夜，总是在当天就会针对问题开很多会议。但他的情绪很暴躁，经常在开会途中就大发雷霆，这让员工们很难接受。

有一天，因为几笔订单出了问题，贝佐斯又召集员工们开会了。当员工们正在讨论解决办法时，贝佐斯忽然怒气冲冲地训斥起他们来，他的这一行为把员工们吓了一跳，大家也被贝佐斯的焦虑情绪所感染，纷纷变得焦虑和恐慌起来。

第二天，几名员工都没有上班，这让贝佐斯觉得很奇怪。他了解后才知道，是因为昨天会议上自己爆发的焦虑情绪吓到了员工们，把他们吓得不敢来上班了，公司也因此陷入了停滞状态。

从那以后，贝佐斯开始有意识地控制自己的情绪，为此还专门雇了一个高管教练来帮他控制情绪。每当他说话声调过高时，那名教练就会提醒他："你要把声音压低。"贝佐斯控制住自己的情绪后，员工们也就都变得愿意和他一起打拼，很快亚马逊就发展成了一个国际化的大公司。

特朗普因为情绪波动导致树敌无数，贝佐斯因为情绪失控吓得员工拒绝上班，这些都是管理者经常会遇到的事情。每个人都有情绪，管理者也不例外。掌控不住自己的情绪，就会让内部员工焦虑和恐慌，甚至离你而去。

👍 日常应用

身为管理者，在日常工作中，情绪管理是一件至关重要的事情。当负面情绪来袭时，我们可以从两方面着手进行调节。

1. 自我暗示法

当你受到负面情绪困扰的时候，首先尝试接受它，然后进行自我暗示："我是最坚强的，我一定能够战胜这种负面情绪。"这种自我心理暗示有助于你很快从负面情绪中走出来。

2. 行动转移法

当你深陷负面情绪当中不能自拔，即使自我调节也无法控制情绪时，就索性不要去想它，而是先去做别的事情，让自己繁忙起来，你会发现，忙碌是治疗一切负面情绪的良药。

吉尔伯特定律：我的儿子要战死在伊拉克了

新上任的某国总统不亲民，总给人一种高高在上的感觉。

但在去慰问驻守伊拉克的特种部队时，总统却对一个士兵大加赞赏，不但和他握手合影，还送给他很多金钱和贵重的礼物。

视频传出后，全国上下的人都很羡慕那个士兵，然而士兵的母亲却失声痛哭起来。

旁人很奇怪地问她："总统从来不正眼看人，唯独对你儿子好，你应该感到荣幸才对，可你哭什么呢？"

士兵的母亲说："天不怕，地不怕，就怕总统说好话。我儿子本来该退役了，现在却不愿意回来，只怕他要战死在伊拉克了。"

🎙 趣味点评

总统对人一贯冷淡，士兵突然得到他的亲和对待，一下子便被他征服了。俗话说"士为知己者死，女为悦己者容。"每个人都愿意为自己喜欢的人做事情。尽管士兵有机会解甲还乡，却依然选择追随总统而坚守战场。士兵的母亲已经预见到儿子愿意为总统抛头颅洒热血，所以才会痛哭。

总统用自己的亲和力，让自己成为一名下属愿意追随的上司，也让下属愿意为他做任何事情，这在管理学中被称为"吉尔伯特定律"。

♟ 管理学解读

人们都愿意为他喜欢的人做事情。这是管理学家吉尔伯特提出来的管理学定律。吉尔伯特告诉我们：按照这个定律去做一名管理者，会达到事半功倍的效果。

那么，什么样的管理者才是让人喜欢的管理者呢？我们可以像总统那样对下属进行奖赏，也可以从其他方面着手，比如鼓励和赞美。

脸书的创始人扎克伯克在创业之初，有 5 个伙伴，他们都是学编程出身的年轻人。这几个人跟随扎克伯格一起创立了脸书。随着企业发展得越来越大，员工越来越多，公司分成了好几个部门。这就需要几个人分工管理：有的负责财政、有的管理人事、有的去做研发。由于他们是技术出身，对研发工作非常在行，但对其他的工作而言就是门外汉了。

扎克伯格鼓励他们说："我们既然能把脸书从无做到有，那么我们就一定能胜任其他工作，你们一定能行的。"在他的鼓励下，几个小伙伴认真钻研自己所在部门工作的相关知识，后来都成长为独当一面的职场优秀人才。这就是鼓励和赞美的力量。

作为一个管理者，如果他营造出来的工作环境让人紧张或害怕，员工就会产生消极回避的心态，从而导致整个团队信心的瓦解消失。反之，如果他营造出来的工作环境令人充满期待，员工就会积极进取，努力做到最好。

鼓励和赞美的技巧有很多，总而言之一句话：只要你学会说赞美的话，让别人喜欢听你说话，对方就会愿意按照你的话去做。做一个人让人喜欢的管理者，除了对员工进行鼓励和赞美外，还可以用成就下属的方法来让员工喜欢上自己。

小文是新闻学专业毕业的，在实习期间做了很多采访，他也很喜欢这份工作。但当他正式进入一家公司工作后，一直做的是人事工作，为此他很郁闷，却也无可奈何。

有一天，公司开会，一个管理者说："这个文案不好啊，谁来改一下？"大家都鸦雀无声，这时，小文的顶头上司说："小文是新闻学专业的，对文案应该是在行的，我也读过他的一些采访新闻稿，感觉写得很棒。让他来改写吧，他应该能胜任的。"

小文非常感激他的这位顶头上司的赏识，让他有机会做自己擅长和喜欢的工作。他想，绝对不能辜负领导对自己的信任，于是他认真仔细地修改文案，最后拿出非常好的文案，不但获得了管理者的认可，还为公司争取到了相关项目。

这就是典型的"吉尔伯特定律"，它完美地诠释了"管理者成就员工，员工又反过来成就管理者"这一现象。

👍 日常应用

管理者具体应该怎样做，才能把吉尔伯特定律运用得炉火纯青呢？

1. 无微不至的关心

时刻观察员工，一旦发现员工有需要关怀的地方，比如生病的时候，及时给员工送去关爱，让员工感受到家人般的温暖，员工自然就会对你真心追随。

2. 挖掘员工的优点

关注员工的工作表现，一旦发现他某一个点出众，就不要吝啬赞美之词去鼓励和赞美他，可以说"你很棒！""我相信你一定能做到！"等等。你的鼓励和赞美，对员工而言是一种莫大的信任，员工获得这种信任，自然就会全力以赴做到最好。

3. 成就员工

你要对员工各自的专长有所了解，在公司需要的时候，要先推荐有专长的员工去做。员工会感激你成就了他。而工作是员工所擅长的，所以做起来得心应手，工作质量也一定是最好的。

激励倍增法则：小姐，你太敏感了

在一次公园散步时，普希金和一位三十岁左右的女歌唱家迎面相逢。

女歌唱家挡住普希金的去路，问："亲爱的普希金先生，您说'倾听着年轻姑娘的歌声，老人的心也变得年轻。'这是真的吗？"

普希金彬彬有礼地回答："是的，我说过这话。"

女歌唱家忧伤地说："那我丈夫每天都只听小姑娘们唱歌，是因为我老了吗？"

"不！"普希金笑着说，"那是因为您的丈夫不老！您的丈夫不老，所以您也很年轻啊！"

女歌唱家点头道："您这样说也有道理。我为此抑郁很久，现在总算放心了。"

普希金说："小姐，您太敏感了。"

"我敏感？您曾说'傻瓜和疯子会格外敏感！'"女歌唱家不悦地说，"所以，您是在说我是傻瓜或疯子吗？"

普希金连忙解释："当然不是。我还说过，'敏感是智慧的证明'，所以太敏感的女士都是美丽睿智的！"

女歌唱家听了这话，情绪马上就多云转晴了。

🎙 趣味点评

女歌唱家因为丈夫不听自己的歌曲，所以很抑郁，普希金用"她丈夫不老"的话来反过来赞美她，这让女歌唱家的抑郁情绪一扫而光。后来普希金又赞美她很有智慧，这让女歌唱家更加充满自信。由此可见，虽然赞美只是只言片语，但对人的激励作用却很大。

激励不但适用于日常社交，在管理学中也同样适用。美国管理学家彼得·德鲁克提出了"激励倍增法则"：利用赞美激励员工，对于团队管理者来说是性比价最高的付出。这是因为赞赏别人时所付出的，要远远小于被赞赏者所得到的。

♟ 管理学解读

彼得·德鲁克是一名优秀的管理学家，他从小就对组织管理感兴趣，之所以会提出"激励倍增法则"，这和他童年的经历是分不开的。德鲁克1909年生于维也纳，出生后不久就遭遇了战争。虽然德鲁克家境富裕，但战争也波及他全家，让他从小就陷入了贫困。这时，胡佛总统推动成立了救济组织，提供食物给维也纳的孩子们。

德鲁克在享受食物时，也在观察这个组织。他发现这个组织有着严密的管理模式，每一个管理者都有着丰富的管理经验。即使每天面对多如牛毛的工作量，和众多的饥饿儿童，他们依然能够有条不乱地进行协调和调度。德鲁克在心里暗暗感激胡佛总统和救济组织的同时，也开始对管理感兴趣。这为他后来成为管理学家奠定了基础。

在救济组织提供给儿童们食物的同时，那些团队成员经常陷入沮丧情绪。因为战争带来的创伤太大，他们不但要面对孩子们饥饿的目光，更要直面他们悲惨的命运。这时，管理者站出来激励并赞美他们，使他们忘却悲伤，变得愉快起来，从而以良好的状态投入到工作中。德鲁克把这些言行都记在了心里，长大后，在他的管理学中，他把它们归纳为

"激励倍增法则"。

虽然是一条管理学定律，但"激励倍增法则"并不高深莫测，它存在于我们生活的各个方面。

老吕的儿子小刚，去年初三升高中时，由于面临学业压力，显得十分焦虑。老吕经常安慰儿子，让他尽可能放轻松。但安慰的话语只是隔靴搔痒，并不能起到有效缓解焦虑情绪的作用，无奈之下，老吕只好求助于儿子的班主任赵老师。

赵老师是一个情绪管理高手，她得知情况后，和小刚进行了两次谈话。每一次都夸赞他："你的成绩有提升，非常棒！"事实上，小刚只是在小考成绩上有一点提升。但班主任老师持续不断地表扬他，小刚每次跟赵老师谈完话后都非常高兴，连续跟班主任谈了几次话后，他的焦虑情绪不见了，取而代之的是沉稳和扎实的学习态度。

通过上面这个案例，我们领略到了"激励倍增法则"的魅力，它不但能把一个人的潜力挖掘出来，更能从内到外彻底改变一个人。

这个法则在生活中的应用也比比皆是，它让很多心灰意冷的人都重拾起了信心，甚至能够改变一个人的人生走向。很多成功的人回忆童年时都会提到，每次做错事情，父母都是激励而不是责骂。而那些在监狱里的人，如果去追溯他们的童年，会发现他们中的大多数都在责骂和训斥中长大。

幽默故事中的普希金用赞美之词激励了女歌唱家，并用赞美给了她自信。那么，将"激励倍增法则"运用到管理中，又会是怎样的情形呢？

曾经在互联网流传着一条有关"大型科技公司员工加班"的微博。该员工加班一个星期，非常辛苦和疲劳，就在他终于结束加班，回家倒头睡在床上时，他收到了公司的短信，短信上不但表扬了他的工作付出，而且还有好几万元的加班费。这条短信让他的疲劳感瞬间涤荡无存。他觉得自己所有的辛劳和付出全都值了。在这条微博下面，很多人都留言表示，愿意为这样的管理者加班，体现工作价值的加班费是其一，更主要的是领导的表扬和赞美是对员工最大的肯定，它让人欣慰又快乐。

可见，在激励员工时，物质奖励固然是基础，对他们的付出加以肯定，给予他们施展抱负的机会，则是让他们迸发潜能的关键。激励，只是让管理者付出一份心思，但收获的却是无法估算的价值。

👍 日常应用

懂得赞美和激励他人，往往能增加和他人之间的愉悦度，从而形成沟通交流的良性循环。在日常生活中，我们需要掌握一些赞美和激励他人的技巧。

1."我相信你，你一定行"

当员工缺乏自信的时候，你不要表现出焦虑的情绪，把这种情绪收起来吧，要目光坚定地对他说："我相信你，你一定行！"

2."你做得非常好，多亏有你"

当员工做出成绩时，千万不要吝啬你的赞美之词，多多夸赞他吧，让他听到你真诚的赞誉："你做得非常好，多亏有你！"

大荣法则：是金子还是渣子，你自己说了不算

某互联网公司招了一名新程序员，领导让他和一名老程序员一起工作。新程序员加班加点努力工作，让公司的程序越来越好，业务也蒸蒸日上。

年底发奖金时，新程序员却发现自己没有奖金，而老程序员的奖金却比自己全年工资还要高。

新程序员很恼火："有眼不识金镶玉，我明明是块金子，却把我当成渣子用。不行，我要去找财务部搞清楚。"

老程序员拦住他说："没有用的，我们公司的程序员名额只有一个，你在公司的花名单上是普通员工。在这里，是金子还是渣子，你说了都不算。"

新程序员听了后，当场就写了辞职报告……

🎙 趣味点评

新程序员有实力，是一个人才。但管理者却忽视了这个人才，让新程序员寒心并最终离开公司。一个管理者，只有留住人才，才能使企业得到发展。"企业生存的最大课题就是培养人才"，管理学中的"大荣法则"讲的便是这种现象。

♟ 管理学解读

上面那则故事给了管理者们一个警示：人才决定企业的成败！只

有把人才放在首位的企业，才能飞速发展。而那些把人才摆在次位的企业，无论它有多么雄厚的资金和多么宽广的人脉圈，最终都会以失败告终。

"大荣法则"是由日本大荣百货公司提出来的一条管理定律。当年，大荣百货公司刚成立，只有 13 名员工，在经营百货公司的过程中，管理者悟出一个道理：只有培养人才，并让他们为公司所用，公司才能走上壮大的路。于是，大荣的管理者始终专注于挖掘和培养人才，百货公司很快就网罗了很多人才。在员工们的齐心协力下，大荣公司得以蓬勃发展，并迅速从一个十几人的小百货店发展成为日本最大的百货公司。

任何一个团队建设，其实就是人才建设。有了人才，企业才有发展的空间，没有人才，一切都是空谈。幽默故事中的新程序员是一名人才，有了他，公司的业务才得以蒸蒸日上。管理者对此应该心里有数，对人才应该进行激励褒奖，才能留住人才，然而管理者没有这样做。新程序员觉得自己是匹良马，却没有遇到伯乐，当然一走了之。

让我们再来看两个案例。美国的脑机接口初创公司 CTRL-Labs 是一家注册了三年的公司，管理者雷登和凯福什拥有尖端的技术，公司一开始发展得很好。后来公司发展壮大，但技术性高管出身的他们，并没有注意人才的挖掘，即使有些人才来了也很快就走掉了，后来公司陷入发展瓶颈，最后以被脸书收购而宣告结束。

由此可见，人才的选用和留存，对企业发展来说真的是很重要的一件事情。管理者如果只是注重技术、注重市场，却不育才、不留才，最后肯定会让企业发展陷入僵局。而一个睿智的管理者是会看到这一点，并重视这一点的。

华为是一家相当注重人才的公司。管理者任正非说："我们公司应该至少是有七百多个数学家，八百多个物理学家，一百二十多个化学家，还有六千多位专门做基础研究的专家，再有六万多工程师来构建这么一个研发系统，使我们快速赶上人类时代的进步，要抢占更重要的制高点。"从这番话中，不难看出管理者对人才的重视程度。

2019 年，在任正非的指挥下，华为公司招聘了八名顶尖实习生，并给予他们高薪。任正非所运用的便是"大荣法则"，他用 200 万的年薪把这些人才网罗到公司，接下来，这些人才就将像泥鳅一样钻活华为的组织，激活华为这支队伍。

华为的发展，我们有目共睹，它目前已经成为世界一流的科技公司。而取得这种巨大成就，仅仅依靠挖掘人才显然还不够，还要善用人才，让人才各自在自己擅长的领域发挥潜能。为此，管理者任正非对人力资源部说过一句话："如果邓小平到华为公司应聘，我们是否录用？"人才资源部一时间不知如何作答。

谁敢回答这个问题呢？一个级别高如国家领导人的人才来应聘，录用的话，怎么安排好呢？任正非却给出了答案："即使级别高如邓小平的人才来应聘，也是可以录用的，但是一定要考虑清楚人才的特点，并根据这个特点安排适合他的职位。只有这样，才能把人才的才能最大限度地发挥出来。"

👍 日常应用

企业生存的最大课题就是培养人才，有效的培养能使人才增值，让企业和员工获得双赢。那么怎样才能发现和培养人才呢？

1. 去高校录用人才

刚出校园的学生可塑性非常强，如果再掌握了所学专业的所有知识，并能进行创新，那么这就是一个潜人才，尽快挖掘去吧！

2. 更新人才的技术知识

新员工的知识，对于公司产品的发展是一个巨大宝藏，能够给公司源源不断提供能量。但时间一长，人才的知识能力就会停滞不前，跟不上企业发展的脚步，这时人才也就变成了庸才。管理者要及时提供机会让员工的知识体系得以更新，成为与时俱进的人才。

艾德华定理：打不开保险柜

珠宝店刚开张，老板便对店长说："咱们是一个团队，要相互信任才能走得远。"

店长说："可是，老板，我觉得您对我并不信任。"

"你怎么会这样想？"老板很是不解，"我甚至把店里所有的钥匙都放在敞开的抽屉里，你随时都能打开店里的门锁。"

店长说："是的。可唯独打不开保险柜。"

老板回答："我也没有保险柜钥匙。珠宝是给女人佩戴的，所以保险柜钥匙肯定是要由老婆保管嘛！"

🎙 趣味点评

店长的想法很幼稚，老板怎么可能把保险柜的钥匙给他呢？但他的说法却又直接戳到老板之前说的"信任"这个关键点上。老板无法否定店长的话，也不能否定自己刚才的话，于是巧妙地把这个"锅"推给了自己的妻子。这样一来，店长也就无法辩驳了。

在这则笑话中，老板虽然刚开始做管理者，却已经懂得管理层要相互信任才能齐心协力把事业做大的道理，这个理论就是管理学中的"艾德华定理"。

♟ 管理学解读

"艾德华定理"是英国 BL 有限公司前总裁 M. 艾德华根据自己的工作经验总结出来的一条管理学理论。在这条理论中，他特意强调了企业管理者和管理者之间的相处，要以"相互信任"为基础。

这也是本书中第一条针对管理者和管理者之间的理论。在一个团队里，管理者不但要面对上司、下属和客户，还要面对同等级管理者，而且这种关系的相处比其他关系要更复杂。做管理者的都会明白，企业部门高级主管间的关系，其实更难平衡。他们虽然不是企业的总裁，但都是达到一定级别的人物，有能力、有权力、有主见，这三项因素都很容易引起摩擦。

比如，某企业要想收购一家公司，研发部部长说这家公司的科技不够先进，收购来也无益于创新，而业务部部长则说这家公司的产品有广阔市场。两位部长都是对各自的领域深有研究的人，他们说的话都有道理，两个人又都针锋相对、各执己见，结果收购项目尚未达成，两位管理者之间就先引发了矛盾。

在这种情况下，管理者一定要想到"艾德华定理"，并把它学以致用，可以先和对方停止争吵，耐心地分析自己的观点，倘若在此过程中，发现有能和对方观点靠近之处，就朝那个方向去探索，也许就能赞同对方的观点。如果立足于企业的利益和长远发展的基础上，找不到和对方观点的相通之处，就可以心平气和地表达自己的观点。当你真诚又冷静地表达自己的观点时，对方自然而然地就会从你的对立面走过来与你一起探讨，这样一来，彼此相互信任的基础也就建立起来了。

波音公司在 2018 年发生了两起空难事件，遭到了全球用户的抵制，波音公司也因此陷入举步维艰的境地。面对这个难关，波音公司并未出来道歉，而高层主管之间也因此发生了争执。

负责 737 项目的主管埃里克·林德布拉德不但积极领导员工对飞机

的安全和质量问题进行反复排查，同时也请求负责公关的主管向民众道歉。但负责公关的主管却认为林德布拉德已经越界了，他只要负责好自己的工作就行，因此拒绝接受林德布拉德的请求。两位主管争吵得很激烈，也撕裂了双方的信任。

主管之间缺乏信任，意见不一致，波音公司的该项目也被停掉，该项目下的员工们也无法按期拿到工资。一时间，该项目团队陷入愁云惨雾中不能自拔。这就是企业管理者和管理者之间互不信任带来的恶果。

好在波音公司很快认识到了这个错误。2019 年 5 月 31 日，波音公司的首席执行官丹尼斯·穆伦伯格采纳了林德布拉德的建议，站出来向公众道歉。虽然这份道歉并未让用户马上回流，但在一定程度上挽救了波音公司 737 项目带来的负面影响。

这个真实的案例说明，在企业中，主管和主管之间的相互信任很重要。因为只有管理者之间相互信任，才能团结齐心把事业做大，不然就会将企业带入混乱的境地。

除信任因素外，管理者和管理者之间还会因为争夺权力而产生矛盾，这也是企业之间比较常见的一种现象。比如某公司的部门经理被提拔，下属的两个副经理都想要坐上这个位置，于是明争暗斗、相互较劲。为了展示自己的能力和权力，同一个项目甚至发出两份指令，让员工无所适从。

对于员工来说，此时的两位副经理就好像家里的两位家长，家长不齐心，你指东我指西，孩子们就不知道该听谁的，最后的结果必然是招致孩子们厌烦，家长的威信也会受损。可见，管理者和管理者之间的争吵，弊大于利，即使一方赢了，结果也会得不偿失。

前面我们说了几种管理者和管理者之间互不信任的情况和负面影响，无论是幽默故事中老板和店长缺乏信任所引起的矛盾，还是波音公司高管之间推卸责任引起的矛盾，再到副经理之间为了权力明争暗斗引起的矛盾，这些案例都在告诉我们：管理者之间一定要协调好关系，精诚团结、相互信任，让企业有凝聚力和战斗力，才能在商海里所向披靡、无往不胜。

👍 日常应用

管理者和管理者之间要做到相互信任，是一件很难的事情，毕竟要牵涉各自的利益关系，但也并不是做不到。我们可以按照以下几个技巧去做。

1. 把企业的共同利益放在首位

管理者之间出现问题时，首先要观察企业的共同利益点，谁能更有效地达到并创造更高的利益，用这个标准去观察，如果是对方能达到这个目标，自己就要放弃自己的观点；如果是自己能达到，那么就用这个观点去说服对方。要明白，当企业的利益都不存在时，你们的争斗也将变得毫无意义。

2. 用坦率培育信任

利用一切机会，用沟通、支持、尊重、公平和能力去和同事培育并增进信任感。只要你坦率、真诚地与对方相处，对方也会用坦率和真诚回报你。

第四章　指导篇

因才任用，实现高效率管理

波特定理：这不能怪我

下属把文件拿错了，受到经理责骂，慌乱中又把报表数据填错，开车出门办事又撞了人。

经理愤怒地骂道："你这个笨蛋，如果说做错一件事情是你的疏忽，后面连续出错就是你愚蠢了。"

"经理，这不能怪我，"下属回答，"不都说'近朱者赤，近墨者黑'嘛。"

🎙 趣味点评

下属犯第一个错误时，如果上司不一味指责的话，他也许会吸取教训，并会用心做好以后的事情。但经理过于关注他的错误，一味地指责致使下属乱了方寸，不停地出错。正是因为经理的愚蠢，才导致下属也变得愚蠢起来。管理学中的波特定理讲的就是这个道理：总盯着下属的错误，是一个管理者最大的愚蠢。

♟ 管理学解读

"波特定理"是美国的人力资源管理专家莱曼·波特提出来的。他一直致力于管理学的研究，提出过很多管理学理论，波特定理便是其中的一条。经过多年的观察和研究，波特发现，从来没有不出错的员工，管理者对下属的批评是不可避免的。但是批评的方式不同，结果也会千差万别。

有的管理者很激进，员工出错后，不分青红皂白就是一顿批评，把员工骂得狗血淋头。管理者以为这样就能起到杀一儆百的效果，然而事实并非如此。很多案例证明，这样做的结果，只会大大挫伤员工们的积极性和创造性，轻者使其产生对抗和抵触情绪，重则导致反投敌营，给企业的发展带来意想不到的后果。

某公司的项目负责人因为犯了一个错，被项目部门的经理骂了一顿，并当场被项目经理辞退。被骂让这名项目负责人很难过，被辞退让他更加愤怒，这不仅使他失去了工作，更伤害了他的自尊。这名负责人一直主管该项目，熟知于该项目相关的所有客户资料和信息，于是他转投了与该公司竞争此项目的对手公司，带去了在该公司的所有客户信息和资料，后来这家公司的该项目以失败告终。

从这个案例可以看出，严厉批评的确能够彰显管理者的威严，体现公司规章制度的严格，可为此付出的代价却是沉重的，管理者一定要三思而后行，切忌在员工的错误面前逞一时口舌之快，留下重大后患。

员工在工作时都会有出错的可能，受到批评是避免不了的，尤其是员工犯了根本性的错误时，管理者更有必要批评一番，以加深其印象，避免下次再犯。不过在批评的过程中，一定要注意适度。恰到好处的批评能让员工记忆深刻。但如果批评过度，那就只会适得其反。

就像幽默故事中的下属和经理。经理只顾着不停地批评下属，员工心生恐惧，做起事情来六神不安，引发连续出错。倘若经理适度提醒员工所犯的错误，叮嘱他下次不要再犯这样的错误，员工就比较容易接受，且会因为管理者的宽容与信任，而变得细心起来。

管理者一定要认识到，宽容让人心安，心安才能有创新力。宽容，就是让管理者做换位思考，站在下属的角度去想这个问题。想想下属为什么会犯这个错，是客观原因造成的，还是主观因素造成的。如果是客观原因，那么就不能批评下属，而是选择和下属共同解决问题。如果是主观原因造成的，当然是要批评的，不过在批评之前一定要先肯定下属的成绩，让对方有认同感，然后再进行批评，就不会伤害到下属的自尊了。

玛丽莎·梅耶尔是雅虎的管理者，刚进入雅虎后不久，她就发现有一半以上员工不登录公司的 VPN（虚拟专用网络），这意味着这些员工在上班期间可能从事与雅虎无关的事情。这显然是一个极大的错误，公司也会因为这个错误而受到影响。

不过，梅耶尔并没有对这些员工大声责骂，她对他们说："你们的成绩很大，雅虎能有今天，靠的是大家支撑。"这番话让员工们很受用，觉得自己的价值得到了领导的认同。此时，梅耶尔话锋一转："你们在上班期间不工作，难道是想在下班后挣加班费吗？"她的话声音不大，却让下属们很羞愧，由于梅耶尔刚才对他们的肯定，所以他们并未觉得被批评是件很令人难堪的事情，而是非常感激梅耶尔没有直接批评他们。最后，有一部分人改正了这个错误，并一直留在雅虎为梅耶尔打拼。

总盯着下属的错误，是管理者最大的错误。管理者的对错误的过度注视会让员工拘泥，令他们故步自封，会让他们丧失改正错误的想法，这样的结局对于一个企业的发展是很糟糕的，作为管理者，一定要谨记这一点。

👍 日常应用

当员工犯了错误时，我们要讲究方法去批评他，让他在不知不觉中接受我们的建议。

1. 先表扬后批评

当你了解到该员工的错误时，先不要急忙去批评他，而是先了解清楚他的成绩，然后对他的成绩进行肯定，之后再进行批评。

2. 简短扼要

每个人都会在批评中急忙寻找理由去为自己的行为辩驳，等你长篇大论批评完，员工也早就想好了反驳你的理由，所以批评的时候一定要简短精练、一语中的。

坏苹果法则：换妈妈

弗洛伊德开诊所时，与一对母子比邻而居。

有一次，邻居儿子数学考得不好，母亲便唠叨不停。直到下次考试，儿子连物理和化学也没有考好。母亲怀疑儿子不够聪明，带着儿子来到弗洛伊德的诊所测验智商，结果显示儿子智商很高。

"既然智商很高，那么一定是学校和老师的问题。"母亲语气十分肯定，"弗洛伊德先生，看来我应该给儿子换学校和老师了。"

弗洛伊德回答道："那可是维也纳顶尖的中学，负责教学的是最优秀的老师。"

母亲犯了难："那可怎么办好？智商够高，又是最好的学校和老师，学习成绩却一直下滑。弗洛伊德先生，您是最有名的心理医生，请一定要帮我儿子想想办法。"

"好的。"弗洛伊德答应着，很快开出了药方单。单子上写着一行字，"换妈妈。"

🎙 趣味点评

在奔向大学殿堂的路上，母亲和儿子结成了一个团队。母亲不停地抱怨儿子学习成绩不好，不仅对儿子的进步起不到积极作用，反而导致儿子的整体学习成绩下滑。长此以往，母亲恶劣的态度必将毁掉儿子的学业，他们这个团队也将以失败而告终。弗洛伊德深谙这个道理，所以开出了让人啼笑皆非的药方单。

人的坏情绪是会被传染的。本来团队有着积极的氛围，但若有一个成员总是消极抱怨，就会影响到团队其他成员的情绪，就好比把一个坏苹果留在一筐好苹果里，结果你将得到一筐烂苹果是一个道理。这就是管理学中的"坏苹果法则"。

♟ 管理学解读

我们先来做一个实验：买一袋苹果，其中有一个坏的，我们并没有把它拣出来，过了几天再看，整个袋子的苹果都坏掉了。原来坏苹果含有大量的乙烯分子，它能促发苹果启动"成熟机制"，如果一个苹果坏掉了，那么乙烯就会从伤口处"跑"到其他苹果那里，加速它们的成熟和腐烂。

这个现象也经常出现在团队里：一群人为了同一个项目聚在一起，大家本来都对该项目的前景充满希望，都兴致勃勃地为实现项目目标而努力拼搏着。忽然有一天，其中有一个人开始抱怨起来，他对这个项目很抵触，甚至告诉团队里的每个人这是一个不可能实现的目标。他的言论打击着大家的自信，几天后，所有团队成员都沮丧起来，项目自然也就很难进展下去。

管理学的研究者们观察到这一特点后，就把这种现象称之为"坏苹果法则"。从上面的分析可以看出，坏苹果法则是说，一个人的态度会影响到整个团队。如果你想要一个积极进取的团队，千万别让一个人的恶劣态度毁掉它。

幽默故事中的儿子，本来是一个高情商的孩子，也有着积极进取的态度。但因为一次考试失利，就被他妈妈每天反复地唠叨。长此以往，母亲的焦虑情绪也打击了儿子的积极性，导致他的成绩直线下滑。此时想要让儿子成绩上去，只有两个办法，要么让母亲闭嘴，要么把她从儿子身边调走。对于管理者来说，观察团队里有没有"坏苹果"，并将

"坏苹果清理掉"，是一项很重要的工作。

除此之外，管理者更要注意，员工之所有产生消极情绪，很重要一点是因为管理者在工作中事必躬亲，这样一来就会破坏员工积极性，让他们滋生惰性思维，长此以往，员工就会变成一个个消极的"坏苹果"。

马斯克就是一个事必躬亲的管理者。他的团队在研发汽车的时候，大家都铆足劲干。然而大到汽车的智能系统，小到汽车上的一个螺丝钉，马斯克都要亲自过问，一旦发现员工们的设计和他的想法有出入，他马上推翻员工的想法。结果，员工们都变得唯唯诺诺，谁也不愿意动脑子再去构思和设计，只等马斯克做好以后，他们再按照要求做就行了。

马斯克每周要工作一百多个小时，而他的员工们每周却只工作七十个小时。有人把马斯克称之为工作狂。但事实上，马斯克却并没有吃透坏苹果法则的精髓，更没有把它应用到自己的管理工作中。

身为一名管理者，他的工作是要调动员工们的积极工作的情绪，让他们多参与团队的决策，并对他们的建议加以肯定，满足他们的自我价值需求，而不是事必躬亲，那样的管理者，不能说是失败的，但却算不上是成功的。

真正成功的管理者，是不会把事情做得太圆满的，因为他要留一席之地供员工们施展自己的才华，只有这样，员工们的自我价值需求才能得到体现和满足，他们也才不会抱怨，团队也才永远都会保持一种积极向上的氛围。

要记住：一个管理者的积极进取，只能换来一时的成功；而一个团队的积极进取，才能换来长久的成功。

日常应用

想要打造一个积极进取的团队，就要注意不让团队里面出现消极的人，同时也要警惕不让自己成为打击团队成员积极性的那个人。对此，我们可以这样来做。

1.观察成员，正确指导

要时刻观察每一个成员的思想状态，一旦发现员工情绪消极，马上进行鼓励，如果改变不了就要开除，彻底隔绝他影响其他成员的可能性。

2.给予员工展现才华的空间

在工作中不要把任何事做得太圆满，要给员工留有体现其价值的空间；不要大小事情都亲力亲为，那样会让员工退缩，成为一个个牵线木偶，不利于团队发展。指导员工工作时，多进行启示，多让他们畅所欲言，多对员工进行肯定与夸赞。

思维定式效应：谁是全国通缉的要犯

做警察的父亲和十岁的儿子玩指认罪犯的游戏。父亲给儿子看两个人的照片，这两个人一个慈眉善目、文质彬彬；一个相貌丑陋、粗鄙不堪。

"儿子，你看他们谁是全国通缉犯呢?"

儿子指着那个相貌丑陋的人说："一定是他。"

父亲说："错，这个看起来善良的才是罪犯。"

儿子困惑不已："不对啊。你们大人不都说相由心生嘛!"

🎙 趣味点评

儿子从小就听大人们议论好人与坏人的长相，大人们经常说的"相由心生"印在了他的脑海，并形成了一种惯性思维：相貌看起来善良的人都是好人。所以在指认罪犯的时候，他才会把通缉犯当成好人，而把一个无辜的人当成罪犯。企业的管理者稍不留神就会犯这种惯性思维的错误，管理学家们把这种现象称之为"思维定式效应"。

♟ 管理学解读

毫不夸张地说，思维定式是每个成年人身上都存在的一种现象。举一个最简单的例子：提到中餐早点，我们马上会联想到包子和小米粥，提到西方早点，我们马上会想到汉堡和可乐。但事实上中餐早点也有煮面汤或是大饼咸菜，西餐早点也可能吃比萨或沙拉。

然而，从小我们接受的概念就是中餐早点小米粥配包子，西餐早点汉堡配可乐，久而久之，当我们分析问题时，就有了一种倾向性，它会把我们的思维自动带入之前的念头里，这就是"思维定式效应"。管理学家们把思维定式效应划入管理学的范畴，因为在团队管理中，普遍存在这种现象。

小刘和小赵是某公司招录的同一批大学实习生，两个人对待工作都很踏实认真，但因为小刘最初去的时候不熟悉工作流程，结果犯了一个错误，给公司造成了一些损失。他的上司知道后将小刘批评了一顿，还警告他要细心，下次不要再犯。

过了三个月后，那个上司发现团队里有人又犯了小刘上次犯下的同样的错误，而且给公司造成了更大损失。上司很恼火，他不分青红皂白就把小刘责骂了一顿："上次我不是警告过你不要犯同样的错误了么，怎么还这样？这次的损失你负责吧。"

小刘被骂得是丈二和尚摸不着头脑，好一会儿他才反应过来，赶紧澄清自己没有犯错。上司经仔细核查才发现，那个错误是小赵犯的，原来是自己骂错了人，一时间小刘也很委屈。

这个上司就是犯了思维定式的错误，因定式思维的影响，以为小刘犯了一次错，就一定还会再出现同样的错。就好比幽默故事中的那个小孩，听到大人说相由心生，便以为相貌好的人都是好人，从而在最后做出错误的判断。

思维定式是一种无形的枷锁，会束缚住我们的认知，让它朝习惯性的方向倾斜。如果管理者只是像那位上司对员工做出错误的判断也就罢了，毕竟是内部矛盾，都是一个团队，有问题可以沟通。但如果管理者用这种思维定式对用户做出错误的判断，那麻烦可就大了，很可能会因此而得得罪客户，给公司带来无法弥补的损失。

大家都知道诸葛亮使用空城计来骗走司马懿的故事，每个人都在夸诸葛亮的聪明才智，却没有人注意到，其实这是因为司马懿吃了思维定式的亏。当时，诸葛亮把城门打开，安排士兵在城门处扫地，而自己安坐在城头上怡然自得地与司马懿对垒。

此时的司马懿想：按照诸葛亮一贯的行事方式，他从不做没有把握的事情，既然敢端坐城头，那他一定胸有成竹。一旦陷入定式思维，司马懿就很难再做出正确的判断，于是他开始自己吓自己，认为诸葛亮一定派了重兵把守城池，这次一定也不例外。有了这样的错误推断，司马懿已经很难做出正确的决策，于是错失了攻下西城活捉诸葛亮的大好机会。

当然，也不能全盘否定思维定式。思维定式其实存在着两种形式，一种是适合思维定式，一种是错觉思维定式。像幽默故事中的儿子、训斥实习生的上司和面对诸葛亮的司马懿，都是陷入了错觉思维定式中，才会做出错误的判断。

而适合思维定式是指人们根据所学的知识和积累的经验，对事物做出正确反应的一种思维。这种思维定式能帮助管理者做出正确的决策，对问题的解决有很重要的意义。

某科技公司项目经理带领三名科技人员做产品，发现产品和市场方向存在偏差，于是项目经理经过市场调研后给三个员工做出指导性的建议。在这个项目中，项目经理其实并不懂技术，不能亲自动手修改产品，但他能够运用适合思维定势来指导三名科技人员做修正。经过这样的配合，生产出来的产品非常适合市场，产品十分畅销。

由此可见，思维定势效应既有消极的一面，也有积极的一面。消极的一面会让我们思维呆板、做事机械、墨守成规；积极的一面能让我们指导员工迅速解决问题。

在借用思维定势的过程中，要如何避开消极的一面，利用积极的一面，是管理者的一门必修课。

👍 日常应用

思维定式是一把双刃剑，管理者想要很好地运用思维定势，却又不被它所伤，就要做到以下几点。

1. 多学习新知识

在平日里要多学习新知识，让认知结构在新知识中得以更新，从而始终保持积极正确的思维定式。

2. 三思而后行

面对问题时，会存在多种选择。这时候要慢一点做出判断，多思考，找出事实的客观真相后再做判断。

无折扣法则：别让听令者犹豫不决

战场上，排长正率领士兵与敌人对阵。

"接下来，各位在枪的有效射程内开始射击。我的命令必须百分之百执行，倘若谁敢犹豫不决，我将送他去军事法庭。"排长非常严肃地说。

士兵们响亮地回答："听见了！"

新兵小李突然调头向远处跑去。排长喊住他："你要干什么？是为了上军事法庭而当逃兵吗？"

"报告排长，我绝对不敢。您刚才要我们百分之百执行命令，我手里的枪有效射程是 1000 米，而现在咱们距离敌人 500 米，所以我需要退回 500 米再射击。"

🎙 趣味点评

新兵小李为了绝对执行排长的命令，转身退回 500 米。虽然他误解了有效射程的含义才闹出这个笑话，但他对排长的命令却是做到了百分之百的执行。

企业的员工就需要这种把领导的命令做到百分之百执行的精神，管理者要让所有的员工明白这条"无折扣法则"：命令不是廉价的处理品，不能打折，不得夭折。

♟ 管理学解读

"无折扣法则"是英国剑桥大学经济学教授理查兹·肯特在观察研究很多企业管理者的管理案例后总结出来的。通过对诸多案例的分析，肯特发现，管理者想要指导员工，并让他们按照自己的想法去完成目标，最有效的方法就是用命令控制他们。

而命令是否执行到位，就要看在完成目标的过程中，员工有没有认真贯彻执行管理者的命令。如果有认真贯彻执行，那么管理者的目标就能得以完成；但如果员工根本没有执行，或是半途而废，那么目标就不可能完成，这个命令也就作废。

对于这条法则，我深有体会。某文化公司策划编辑周薇接了出版社的一个图书选题，于是周薇安排公司的一名作者去写。她交代了作者写这本书的思路和方法，却唯独没有提出让作者什么时候提交目录和样章。一个星期后，出版社询问这个选题的进度，周薇这时才想起这件事情。

等她向那名作者要书稿的目录和样章时，作者回答说："周老师，您始终没有告诉我什么时候上交，我以为你们不做这个选题了，所以到现在都还没有写……"周薇这才意识到，她的命令没有让作者产生紧迫感，结果导致作者没有执行命令。

从这个案例，可以看出无折扣法则的重要性。同时我也认识到：想要让员工明白命令是必须完成的一件很重要的事情的话，管理者就一定要在下发命令时交代清楚"重点"和"结果"这两大要素。

此外，命令还不能太复杂冗长，因为这会让员工思维混乱，从而误解你的命令。就像幽默故事中的"排长"和"新兵"一样：排长没有交代清楚，新兵也就误解了他的意图，最后才会闹笑话。那么，在简要的命令中，要怎样才能做到交代清楚重点和结果这两大要素呢？

我们在交代命令前，先要给自己提两个问题：一、为什么必须要做这件事情？二、这件事情必须在什么时间之前完成？然后找出问题的答案和理由，并把他们交代给员工就可以了。至于项目如何更好地进行，使用什么办法进行，可以在监督员工执行命令的过程中再进行指导。

任正非安排员工开发芯片的时候就是这样做的。当时，他交代研发部的工程师们说："为了我们将来不受制于人，必须做这件事情。"这句话让工程师们明白了这个命令的重要性。随后，他又说："研发芯片是一件很烧钱的事情，我们没有那么多钱，即使借高利贷也要搞研发。不过，高利贷是有期限的，所以在这之前你们的新产品研发一定要成功。如果新产品研发不成功，你们可以换工作，我只能从这里跳下去。"这句话让工程师们明白了这个命令的紧迫性与重要性。

任正非只是这么简单的两句话，就让芯片研发部的所有员工都铆足精神加班加点地工作。不到一年的时间，华为首颗具备自有知识产权的ASIC就诞生了，这就是华为芯片事业的起点。而这颗芯片，也是任正非管理工作中无折扣法则理论的完美体现。

通过分析上面案例，我们还可以发现一点：在交代命令的过程中，管理者不能有丝毫懈怠的态度，那样容易给员工造成一种错觉：我们的头儿都不重视，那这件事情肯定不重要。

因此，在接下来的执行中，他们肯定就会做事拖拉，执行的效果自然也会大打折扣。

👍 日常应用

身为管理者，每天都要下发各种命令，怎样才能让我们下发的命令不被员工打折扣，并得到贯彻执行呢？

1. 表情严肃地大声下达命令

也许你是一个温和的管理者，平日里和员工们打成一片。但当你交代命令时，一定要严肃起来，并大声地将你的命令说出来。只有这样，才能让员工们认识到这个命令的重要性。

2.让员工复述一遍你的命令

员工是否能准确地执行命令，和他们的理解能力有关系，理解到什么程度，才会执行到什么程度，管理者一定要确保自己的命令已经被员工准确地理解并接收。下达完命令后，可以让员工复述一遍他理解到的该命令，如果员工理解得不到位，就要及时纠正，不要嫌麻烦。现在多费心一点，将来就会更省心。

吉尔伯特法则：都想当元帅

拿破仑遭遇滑铁卢失败的当天，对他的下属们大发脾气。他大声说："一流的统帅打响一流的战役，得胜的却是二流的将军。陷入如此困顿的局面，真是让人生气啊！"

下属说："元帅，咱们现在是最困难的时候吗？"

"当然！伙计，对于我们来说，这是一个可怕的灾难！"拿破仑说。

"别着急，元帅，咱们还能打胜仗的。"下属说，"因为您曾经说过，最困难之时，就是离成功不远之日啊！"

拿破仑摇头："不可能了。咱们的援军根本就没来，如此危险的事情竟然没有一个人报告给我。"

"元帅，这可不怪我们。"下属不慌不忙地解释，"您说过，不想当元帅的士兵不是好士兵。我们都想当元帅，可元帅是从不报告的啊！"

🎙 趣味点评

战场上，在敌我力量旗鼓相当的时候，援军决定胜负。拿破仑本来有十足的胜算，然而战争打响后，他的援军却一直没有出现。而且这么大的事情竟然没有人告诉拿破仑，这是一件非常危险的事情，它直接导致拿破仑在滑铁卢战役中遭遇失败。

拿破仑的军队如此，企业的团队也是一样。不论你在公司里面是一名职员，还是一名公司高管，真正危险的事情，是没有人告诉你目前的险境，让你一直处在自己预设的安全中，最后掉进危险的深渊才幡然醒悟。这就是管理学中著名的"吉尔伯特法则"。

🨾 管理学解读

"吉尔伯特法则"是英国的人力培训专家 B. 吉尔伯特提出来的一条管理学理论。他说："工作危机最确凿的信号，是没有人向你说你该怎么做。真正危险的事情，是没有人跟你谈危险。"纵观古今中外的历史，你会发现，很多朝代被推翻，都是因为当政者身边没有人告诉他即将到来的危险，而让他一直处于太平盛世的假象中。一旦敌军兵临城下，再想抵抗为时已晚。

就拿幽默故事中的拿破仑来说，对自己的战略和实力满怀信心，却因为没有人告诉他援兵未到，危险逼近而不自知，最终以失败告终。同样的现象也经常出现在团队管理中。2019 年 7 月 28 日，一名女飞行员在美国 USAG 航校飞行训练期间，不幸遭遇飞机失事遇难。该事件不但给学员家人带来永远的悲痛，也让美国联邦航空管理局和地方当局对学校展开调查。

调查结果很快就出来了：这架飞机的引擎、起落架和电子系统等部件都相继出现过故障，也正是这些故障导致了这场事故。学校的管理者对于这件事情显然难辞其咎，必须承担责任。

管理者很沮丧地说："我根本不知道这架飞机出现过这么多故障，从来没有人和我说起过。"

正是因为没有人告诉这位管理者学校的飞机存在安全隐患，所以他不知道危险所在，才会发生这次空难。倘若有人提前告诉他，他下令停止该飞机的使用，就能阻止这次危险事故的发生。

我们常常因为别人的教训和批评而勃然大怒，却根本没有意识到，教训和批评是在提醒我们能力不足，无法应付危险。"能力不足"并不可怕，只要有人提醒，就要想办法提高自己的能力。最可怕的是没有人说出我们的缺点，更没有人教我们怎样做。而且我们根本不知道危险所在，此时一旦危险迎头击来，连躲避的时间都没有。

华为在遭遇美国围追堵截的同时，也遭遇到了国内很多苹果用户的批评和谩骂，说华为手机根本比不上苹果手机。这种颠倒是非的说法让很多人都很生气，他们纷纷挺身而出和苹果用户发起论战。

然而，身处旋涡中的华为管理者任正非却劝大家不要生气，他说："不要怕批评，要感谢骂我们的人，不拿华为的工资和奖金，还骂我们，通过他们的批评，我们可以知道在哪里改进，所以他们是在帮助我们进步。"

很多优秀的管理者都具有和任正非一样的想法，在遭遇质疑和批评时，他们不会耿耿于怀，更不会心存报复，而是把这些批评视为难得的宝贵意见。"委屈是便宜，批评是馈赠"，记住了这句话，也就能够成为一名坦然面对批评的管理者。

其实，这条理论不仅只适用于工作管理中，它同样也适用于我们的生活中。我们每个人都是生活的管理者，生活中经常会遇到各种不同的人，而我们正是通过其他人的眼睛才形成立体的个体。人无完人，只有当别人提出批评时，我们才知道自己的缺点，才会去修正。如果没有人向我们提出缺点，那我们就将沿着错误的路一直走下去，那样下去是很危险的。

日常应用

在工作和生活中，经常会遇到批评。我们怎样才能虚怀若谷地接受对方的批评呢？

1. 虚心接受，自我调节

当有人批评你的时候，要虚心接受，心意难平时不妨用"如果批评我的人知道我所有的错误的话，他对我的批评一定比现在更加严厉"进行自我心理调节。

2.冷静处理，不急于解释

有时候，对方的批评不一定对。被误解的时候也不要急急忙忙地去解释，那样反而说不清楚。等到对方冷静下来后再做解释，并在这个过程中，思考自己有没有可能在以后的工作中出现这样的过错。

权威暗示效应：电灯是谁发明的

小男孩问爸爸："是不是做父亲的总比做儿子的知道得多？"

爸爸回答："当然啦！"

小男孩问："电灯是谁发明的？"

爸爸："是爱迪生。"

小男孩又问："那爱迪生的爸爸怎么没有发明电灯？"

🎤 趣味点评

相信权威的人，特别容易栽跟斗。权威往往只是一个经不起考验的空壳子，尤其在如今这个多元而开放的时代。在管理学中，迷信权威的现象被称为"权威暗示效应"。

♟ 管理学解读

人们经常陷入"权威暗示效应"之中无法自拔：我们在网络上浏览医学相关的知识时，总是更加关注那些打着权威医学大 V 旗号的 ID，因为我们认定专家们的学识要比一般医生的学识渊博；我们消费时，总会挑选明星代言的产品，因为我们认定名人为了自己名誉绝对不会代言质量差的产品。

然而，事实真的是这样吗？之前有一个微博上的医学科普账号，号称医学权威，每天都各种打假，那坚定的语气让人们相信他就是一个真正的权威，很多网民都成了他的粉丝。

但是有一天，一个医学院学生站出来，指出他打假是真的，然而他用来打假的很多理论都是错误的。因为谁也不敢在医学上称之为权威，要知道，医学是一门越学越不敢言的科学，病毒每分每秒都在变异，病种每分每秒都在增加。就连那些从业了一辈子的医生都不敢自诩为权威。粉丝们这才幡然醒悟，纷纷表示自己陷入了权威暗示效应。

所以当我们在相信某个权威的时候，一定要客观地审视对方的言行，千万不要被对方"权威"的头衔所迷惑。

我们都认为权威人士做出的是正确示范，只要服从他们的观点，便会给我们的行为加上一道安全锁，所以会盲目地选择明星代言的产品，会不经考量地接受业内人士的推荐。但社会上也经常出现的"明星代言产品出问题、业内人士推荐出事故"等负面新闻，由此让人不由地感叹："迷信则轻信，盲目则盲从！"

管理者如果掉进权威暗示效应，轻者会做出"拉大旗、做虎皮"的尴尬事情来，重者会落得家财散尽。

赵磊是一个企业家，二十世纪九十年代时做钢材生意赚了几千万。但后来钢材市场没落，他只得转型。这时，他看到互联网科技一片蓝海，于是想要做一家互联网科技公司。但他对互联网科技懂得并不多，他想请业内的权威人士来给自己公司坐镇，这样更加安全保险。

他的朋友知道后，向他推荐了一名从一家著名大型互联网企业离职的技术高管。他搜索了百度，发现这位高管的名字在很多互联网科技新闻报道中都出现过，而且百度百科上也写着这位高管是所在领域的权威人士。这下我赵磊心里踏实了，他花了高薪将此人聘请到了自己的企业。

赵磊对这位高管的能力深信不疑，无论高管做什么，他都认为是对的。即使他的团队中的年轻人向他反映高管的技术落后，他也不相信，还对员工们说："他是某某大集团的技术高管，我们要相信他。"但让他万万没有想到的是，这位高管来了一年，并没有研发出什么成功的产品，而且不但把赵磊的积蓄都花进去了，还在银行贷了很多款。最后赵磊的资产全部被银行冻结，他的公司也以破产告终。

这就是管理者过于迷信权威暗示的结果。所以身为管理者，一定要对"权威"二字保持警惕性，千万不要掉进"权威效应"里，盲目地做出错误的决策。

不过，任何事情都具有双面性。权威暗示效应虽说带有负面影响的一面，但它也有积极作用的一面。管理者往往需要让员工具备这种心理，对员工产生权威暗示效应，那么管理者交代的命令就很容易执行到位，团队项目也能很快完成。

👍 日常应用

在日常工作中，我们既要警惕自己跌进权威暗示效应的泥潭，也要在员工面前树立起自己的权威，强化员工的执行力，我们可以从以下两方面入手。

1. 客观审视，细心分辨

当我们因某个项目需要请权威人士助力时，一定要客观审视该权威是否真的能为项目发展带来好处，细心分辨该权威是否真的能给项目发展增加更多的保险系数。如果答案是肯定的，那么就可以果断采用权威人士的观点。

2. 言行一致，方向准确

要知道，一个决策失误率高的人是不可能让人敬重和信服，所以要让自己在团队成员中树立权威，就要做到言行一致，并保证自己所做决策的准确性。

古特雷定理：王子点餐

迪拜王子牵着一头老虎走进餐厅。

王子对服务员说："给我来一份海鲜套餐。谢谢。"

服务员问："先生，就要一份吗？不给您的宠物虎来一份？"

王子说："不用了。"

服务员犹豫了一下，又问："真的不用吗？但我觉得它是需要一份的。"

王子被问得有些烦了，他冲服务员吼道："我说不用就是不用，你动脑子想一想，如果它饿了，我还能坐在这里吗？"

服务员很委屈，她看着王子幽幽地说："先生，或许您可以给自己点两份。"

王子奇怪地问："为什么？"

服务员说："因为您的老虎很乐意它的食物更肥胖一些。"

🎤 **趣味点评**

服务员再三请求王子给老虎点一份餐，给人感觉她是在强行买卖，王子也被她推销的做法激怒。然而，服务员最后一句看似无厘头的话却让人深思：如果王子不喂饱老虎，那当老虎饿了，王子又没有食物喂它时，王子就必然成为老虎口中的食物。

同理，如果我们只处理眼前的问题，却不去想下一个会出现的问题。那么，我们就无法做到提前规划和预防，当问题出现的时候，我们就不能从容应对。

　　做企业管理也是如此，一个组织或企业的战略目标要具有持续性，我们不能只看到眼前的发展，还要为更远的目标做准备和铺垫，即"每一处出口都是另一处的入口"，这就是管理学中的"古特雷定理"。

管理学解读

　　现在很多企业管理者都把美国管理学家 W. 古特雷提出来的"古特雷定理"，当作企业发展的金科玉律。

　　引擎搜索出身的谷歌，在管理者们的带领下，一直稳居互联网搜索引擎的头把交椅。随着流量的增大，谷歌的管理者们要给这些流量寻找新的出口，于是接入地图、O2O、金融、移动出行等多种业务，为谷歌公司的发展打造出了更多的可能性。

　　在当今这个机遇纵横又瞬息万变的时代中，只拥有核心竞争力的企业，已经无法适应时代需求。管理者们如果看不到这一点，只是死盯着一个目标一直往前走，迟早会被时代所淘汰。只有在上一个目标进行时就已经规划出下一个目标的企业，才能始终具备时代竞争能力，就像谷歌那样。

　　纵观 Facebook 公司的发展也是如此。扎克伯格最初建立 Facebook 网站只是为了给大学生们建立一个社交平台。随着用户增多，这个目标已经实现。而过多的流量又为企业新的发展奠定了基础，于是他利用众多的流量把 Facebook 规模扩大，发展成一个用户遍布世界每一个角落的全球型大公司。现在 Facebook 的社交平台规模已经趋于稳定，多年的发展又为 Facebook 积累了大量科技人才，而这些人才又为人工智能的发展奠定了基础，所以扎克伯格的下一个目标就是人工智能。

　　诸如此类的管理者还有很多很多，他们所做的，就是 W. 古特雷所说的：在上一个目标的基础上挖掘下一个目标，让下一个目标成为上一个目标的延续。

这些成功的管理者不但把这条理论应用在企业发展上，还把这条理论用在了对自己的人生规划上。马云辞职的事情，曾经一度引起网络热潮。马云凭着自己的智慧和管理经验，把阿里巴巴打造成了规模一流的互联网公司，公司蓬勃发展成了一个商业帝国。然而当其他人都在仰望这座帝国时，马云却已经有了新的目标：做教育和公益。他要利用积累的财富为中国的教育改革添砖加瓦。在不久的将来，他会开辟出一个新的教育帝国也未可知。这就是古特雷定理的神奇所在。

假如我们目前没有那么大的资产，设立下一个目标自然不必那么恢宏。我们只要在上一个目标的基础上延伸扩展出新的目标，并去认真实现它就很好。如果管理者在团队中学会利用古特雷定理，团队将会一直蓬勃发展下去。

不过在使用古特雷定理的时候，一定要注意一点，当我们设定下一个目标的时候，一定要以上一个目标为依托，这样下一个目标的实现才有保障。比如，我们有一片空地，修建了一片庄园别墅，下一个目标，我们就要在这片庄园别墅上开发旅游项目，有了资源，只需要再把客流引进来就成功了。但如果撇开庄园别墅，去做别的项目，就需要一切重新开始，虽然有可能成功，但付出的成本更多，而且遭遇失败的概率更大。

👍 日常应用

在工作管理中，如果只是等到上一个目标实现，再去规划下一个目标，有可能就无法做到连贯。那么，怎样才能让下一个目标与上一个目标衔接呢？

要让目标具有连续性，就要做到早规划。所谓早规划，就是用具有前瞻性的眼光去制定目标，并在实现这个目标的过程中为下一个目标埋下伏笔，而这个伏笔就是下一个目标的入口。

第五章　沟通篇

换位思考，做上下级之间的桥梁

比林定律：学会拒绝

大陈最近很抑郁，他决定去看心理医生。

一番检查后，医生说："先生，你是一个老好人，从来不懂拒绝。不要轻易答应别人，你的病就好了。"

大陈连连点头："好的，医生，我听你的，我要拒绝别人。"

医生说："你看看你，刚刚又轻易答应了我。"

🎤 趣味点评

大陈之所以抑郁，就是因为他从不懂拒绝。因为不懂拒绝，即使有些很无理的要求，但因为承诺了，就不得不硬着头皮去做，在这个过程中麻烦接踵而来，自然就会抑郁。美国幽默作家比林，针对这个现象提出了"比林定律"。

企业管理者如果不懂拒绝的话，麻烦就会更大。所以如果你是一名管理者，就一定要读懂这条比林定律。

♟ 管理学解读

比林在观察了很多人的处事方式后，得出了这样一条定律：人一生中的麻烦，有一半是由于"太快说是""太慢说不"造成的。反观我们的日常，还真的是这样。无论是"太快说是"，还是"太慢说不"，归结起来就是一句话：不懂拒绝。不懂拒绝，自然就会引来很多麻烦。

我们经常感叹：承诺难，拒绝更难。因为"拒绝"会牵涉很多问题，诸如你的能力问题、对方的尊严问题等。很多人无法拒绝别人的要求，就是因为考虑得太多——"我如果拒绝了，是不是就显得我没有能力去做这件事情？""我如果拒绝了，他会不会很尴尬？"为了证明自己是有能力的，也或许为了不让对方尴尬，我们往往不懂拒绝别人。

如果不学会拒绝，就会给生活造成很多困扰，就像幽默故事中的大陈一样，从不拒绝别人，可很多事情自己又处理不了，久而久之，就会产生焦虑和抑郁。如果管理者不懂拒绝，那将比"个人不懂拒绝"有更多的麻烦，因为这将会给工作带来很多障碍，甚至给整个团队带来灾难。

艾米是北京一家美容公司的总经理，她手底下缺一名主管。艾米的大姨知道后给她打电话说自己的儿子正待业在家，要她给安排一下。艾米知道自己的这个表弟读书时爱玩游戏，工作时又挑三拣四，还不停地换工作，最后竟然辞职回了家。

艾米有心想要拒绝大姨，但她担心自己说"不"的话，会让大姨生气，所以迟迟说不出口。没想到，几天后她表弟竟然出现在艾米的公司里，同时艾米也接到大姨和母亲打来的电话，让她好好关照和培养表弟。这下子艾米更没法拒绝了，她只得把表弟安排了下来。

艾米知道表弟不具备带领团队的能力，就没有让他做主管，而是让他做一个员工。结果艾米的大姨不但把艾米抱怨了一顿，还把艾米的母亲也训斥了一顿。就这样，表弟给艾米平添了很多麻烦和苦恼。

艾米就是典型的"太慢说不"的案例。身为一个公司的管理者，聘用员工时肯定要选用适合自己公司发展的人，但她因为面对亲戚的要求无法说出"不"来，就不得不接受一名完全不利于公司发展的下属，最后搞得自己非常郁闷。

在管理团队的过程中，管理者经常会遇到三种难以拒绝的情况，上面艾米遭遇的是第一种——面对亲朋好友想借职权之光的情况。而另两种难以拒绝的情况指的就是面对下属无法拒绝和面对客户无法拒绝的情况。

小林是公司的部门经理，她和团队的员工都是二十来岁的年轻人，都喜欢玩游戏、追星。有一天，她手下的两个姑娘向她请假说去看某歌星的演唱会。她也喜欢这个歌星，于是在她们提出请假的时候马上就答应了。等两名员工走后小林才发现，她们还有工作需要赶时间完成，其他人都没有空，无奈之下，她只好自己晚上加班加点帮她们完成剩下的工作。

如果小林在答应两名员工之前，不要那么快点头说"是"，而是先把下属的工作排查一下，确定不会耽误到工作进度再答复下属，她就不会面临夜里加班加点帮下属赶工作的状况。所以，"太快说是"对于一个管理者来说，不是一件好事。俗话说，三思而后行。对于管理者来说，"三思而后回答"才是最妥当的沟通方式。

前面这两种情况造成的结果还不是太严重，可如果面对客户不懂得如何拒绝，那造成的后果可能会更糟糕。

柯林斯是一家外贸公司的管理者，他的客户来自各个领域。为了和客户们搞好关系，他经常请他们吃饭。有一天，客户告诉他，要购买一批其他公司生产的产品，因为他们不熟悉，所以想请柯林斯帮个忙。

柯林斯不好意思拒绝，只得硬着头皮帮他们去购买那批产品。为什么要硬着头皮呢？因为他们公司有规定，谁要是销售公司之外的产品，就要面临解聘并被诉之以法的风险。过了几天，柯林斯帮客户买到了产品，但这个消息也被泄露了出去。最后，柯林斯不但被解雇，还被告上了法庭。看看，不懂得拒绝会给自己带来多么严重的后果！

管理者一定要学会在适当的时候用适当的语言来和对方沟通，无论对方是亲友、还是员工，或是客户，都需要懂得拒绝的艺术。我们需要精通"拒绝"这门艺术，既不要过于草率地同意对方的要求，也不要犹豫不决地不敢表达自己否定的态度。只有做到这两点，才能让自己避免陷入被动的局面。

👍日常应用

我们如果无法拒绝别人提出的无理要求，就有可能陷入非常被动的局面。所以我们要学会说"不"。那么，我们要在怎样的状态下说"不"呢？

1.给自己设立底线

首先给自己设立一个底线，并告诉自己坚决不能碰到这个底线。有了这个意识，一旦别人提的要求触碰到这个底线，你就能心生出拒绝的念头。

2.学着说"不"

对于任何人来说，大声地说出"不"都是一项技能。可以和家人或是朋友沟通好，请他们协助你练习这项技能。

玛丽法则：新班长学曹参

儿子告诉爸爸，优秀的老班长转学了，自己做了新班长，但却不知道该怎样帮老师管理班级。

爸爸问："老班长很优秀，你就学习他的做法吧。"

儿子回答："为什么？"

爸爸说："听说过'萧规曹随'的故事吗？萧何去世之后，汉惠帝把曹参召回来担任新相国。因为萧何已经制定了让百姓安居乐业的法规，所以曹参整日只是喝酒休息就可以了。"

"噢！我明白了。"儿子说着话，转身打开爸爸的酒柜取出一瓶酒来。

爸爸奇怪地问："你要干什么？"

儿子回答："我喝酒休息啊！"

🎤 趣味点评

儿子做了班长，父亲并没有劝他标新立异，而是让他学习优秀老班长的做法，这样就能避免弄巧成拙。儿子马上去模仿曹参喝酒，这样的"遵循"充满单纯的童趣，不禁让人莞尔一笑。但笑过之后，我们又不得不承认父亲的建议的确是充满智慧的一种处事方法。

在企业管理中，这个方法在很多时候也是非常适用的，而且许多著名的管理者都利用这种方法让公司获得了稳定发展。管理学中管这种方法叫作"玛丽法则"。

♟ 管理学解读

　　"玛丽法则"是由美国著名企业家玛丽·凯·阿什提出来的。它的含义是：假如还没有破，就不要去修它，免得弄巧成拙。玛丽既是一名企业家，也是一名作家，她把自己的管理经验都写进书里，以供后来者们学习借鉴。在她提出的众多管理理论中，玛丽法则是流传最广的。

　　玛丽法则之所以用她的名字命名，是因为玛丽自己本身就是这条法则的践行者。也正是因为践行这条法则，使得玛丽的企业在遭遇分裂的时候化险为夷，并发展成全球型大公司。那么，玛丽到底是怎么做的呢？

　　玛丽在写一本职场男女不平等待遇的书时，掌握到很多创建公司的知识，便萌生了创建玛丽·凯化妆品公司的念头。她的公司专门聘用那些同时面临生活问题和家务负担困境的上班族母亲，并为她们提供自由工作时间的岗位。这家公司很快受到女性们的青睐，公司也迅速召集到大量员工。同时，这些员工又是化妆品的消费者，在她们的努力宣传下，玛丽·凯化妆品公司迅速发展壮大。

　　当时传统企业都是把员工招录到企业里面上班，下班后再各自回家。玛丽·凯的做法却独树一帜，也瓜分了很多人的"蛋糕"，因此受到了当时传统企业的一致抨击。但玛丽·凯却不为所动，她一直坚持公司私营制，这样所有的话语权都掌握在她手里。

　　随着公司发展的壮大，逐渐有了上市的可能，这是玛丽的一个梦想。但公司要上市就需要满足一个条件，那就是公司要实行传统的最优化持股者理论策略。这是玛丽最不愿做的事情，因为这样一来，就意味着她的话语权会被削弱，甚至被剥夺。一旦那样的话，公司的现状就会被打破。但为了实现自己的梦想，玛丽还是妥协了，她把公司上了市。

　　持股的人一多起来，管理公司的分歧也就多了起来。其中有股东质疑公司的推销方式和用人制度，并要求玛丽改正这一切。玛丽告诉他们："你们以为这种促销方式有问题，但事实上我们一直按照这种方法做公司才有今天，所以那只是你们的假设而已。在假设没有变成现实之前，我们不要去修正它，免得弄巧成拙。"但股东们并不听玛丽的话，还是执意要求改变促销方式。玛丽无奈之下，只好把所有股票都买回来，再度把玛丽·凯公司变成私营企业。

玛丽的做法成就了今天的玛丽·凯全球型化妆品公司，而她的这种做法被归纳为玛丽法则。管理者在管理自己的团队时，也有必要借鉴玛丽的做法：只要企业发展顺利，就不要去打破那种原有的战略，而是继续坚定不移地执行下去。

苹果公司也曾经遭遇过同样的事情。苹果手机的外形在乔布斯时代是一种硬朗的设计风格，乔布斯去世后，在苹果新管理者库克的带领下，苹果团队将苹果手机的外形做了改变，出现了"刘海"。这种设计并未能吸引住用户，反而引起很多非议，有些用户们甚至说出"因为刘海就不使用苹果"的言论。为了留住这部分老用户，库克决定将苹果部分新款手机的外形恢复到乔布斯时代的"home"键风格。

很多苹果用户听到这个消息后都欢呼雀跃，纷纷表示期待新的手机。很明显，库克的"刘海"设计就是弄巧成拙，本来很受欢迎的产品，非要标新立异地去做一些新的尝试和改变，最终差点搬起石头砸自己的脚。

当我们做了新的管理者，如果上一任管理者已经制定了恰当的战略和规章，也就等于开创了一条非常平坦的路，只要发展顺利我们就可以按照这个战略和规章一直走下去，只有这样，才能让企业在管理和战略中具有一定的稳定性。

不过，尝试和创新也不是不可以，但一定要在维持现有管理制度稳定的基础上去做改变，而且要时刻观察创新的动向，一旦发现问题，就要马上在权衡各种因素的基础上合理解决，恢复原有战略，就好像玛丽把上市公司转为私营企业，库克计划把"刘海"转回成"home"键风格。

日常应用

在带领团队的过程中，每个管理者都会面临产品创新和战略更新的问题，此时，我们该怎么做呢？

1.调查用户，遵循民意而行

如果用户对产品很满意，就不要轻易尝试新的改变，维持现状以留住用户的心。

2.创新时保留原型，慢慢过渡

创新也是吸引新用户的一种方式，在创新的时候，保留原型产品，当作一个过渡。如果创新产品受到所有用户的喜欢后，再结束原型时代，这才是最妥当的做法。

弗里施定理：米饭有多种

餐厅经理对一名新来的服务员非常苛刻，总是让她难堪。服务员决定辞职，正在这时，来了几位客人。

客人要求点米饭。

服务员说："先生，您要哪一种米饭？"

客人奇怪地问："米饭还有许多种吗？"

服务员大声回答说："当然，我们饭店的米饭有熟的，有生的，还有半生不熟的。"

客人和其他想要用餐的人听后，都陆续离开了餐厅……

🎤 趣味点评

因为经理不公平的对待，引起服务员的极度不满。在接待客人的过程中，服务员带着不满的情绪接待客人，引起客人们不再消费的连锁反应。没有员工的满意，就没有顾客的满意。这个故事表现出来的管理学理论就是"弗里施定理"。

♟ 管理学解读

"弗里施定理"是由德国慕尼黑企业咨询顾问弗里施提出来的。这条管理学理论告诉管理者：想要让客户满意，一定要先把员工的价值体现出来。

琳达在一家科技公司任主管。有一天，她的一名下属将自己的企划书递给琳达，琳达看了几眼就把企划书扔到员工面前，怒斥说："这份企划书做得不行，这是人做出来的东西吗？简直太糟糕了。如果想干就好好做，如果不想干就收拾东西走人！"那名员工憋红着脸，看得出来，他的自尊心受到了严重的伤害。第二天员工就提出了辞职，工作交接也没做，留下一堆只做了一半的工作，给项目造成了很大麻烦，琳达也因此受到了老板的指责。

有很多管理者都把自己置于高高在上的位置，认为员工就是为管理者和企业服务的，在他们看来，公司给了员工优厚的薪金和稳定的福利，员工就该为公司提供优质服务，倘若服务不到位，就应该接受领导的批评和教育，甚至训斥。

这些管理者并没有意识到这种做法的不妥，就像幽默故事中的餐厅经理以及科技公司主管琳达一样，在他们的潜意识中，员工所做的工作没有达到他们的要求，就该接受他们的责备，甚至让员工下不来台。还有些管理者虽然不至于做到这种地步，但责备和训斥员工却是必不可少的。

管理者以为这样就能让员工改进自己的工作态度和服务质量，为企业勤恳地工作。事实上，这样的想法大错特错，很少有企业是靠训斥员工得以发展壮大的。能够发展壮大的企业都有一个特点，即：团队向心力。

什么是团队同心力？就是员工热爱工作，具有使命感。这种使命感会迸发出一种团队向心力，这种向心力可以驱策大家向同一个方向和目标奋进，最终实现企业的壮大。沃尔玛公司的发展就完美地体现了这一点。

沃尔玛公司的管理者山姆·沃尔顿告诉公司的管理者们，只有让员工热爱工作，才能保证他们向用户提供最优质的服务。让员工热爱工作的前提，就是管理者们要为员工服务，而不是高高在上地指使员工。那么，他们是怎么做的呢？

在沃尔玛，无论你是基层员工，还是高层主管，乃至最高管理者沃尔顿，每个人都必须佩戴工牌。而工牌上只有名字，没有职务，这就给员工们营造出一种公司内部没有上下级之分的企业文化。相互之间见面直呼其名就行，不需要带职务称谓，这样一来，员工和管理者之间就处于一种平等分工的工作状态。

正是这种管理方式，让管理者没有高高在上的优越感。面对员工的错误和缺点，也就能做到心平气和地指正。而这种态度又能使员工放下"被领导和被指示"的包袱，在一种平等工作的氛围里接受批评，并加以改正。久而久之，公司就会凝聚出强大的团队向心力。当团队所有人都满意自己的工作，并尽心尽意地去为用户提供最优质服务的时候，你会发现，这股力量强大到所向披靡。

👍 日常应用

想要让员工在工作岗位上尽心尽职地工作，为用户提供最优质的服务，前提是要让员工热爱工作，并在工作岗位上越做越开心。我们可以通过以下技巧来让员工热爱工作。

1. 增加员工参与感

不定期地举办一些趣味活动，让员工参加到活动中来，并设置相应的奖励，以调动员工参与活动的积极性。

2. 赋予员工使命感

经常对员工进行使命感教育，把使命感和员工的具体工作结合起来，让员工能够清晰地接受和认可这份使命感，并最终起到激励作用。

史崔维兹定理：想和约翰太太看电影

　　布朗克和约翰是一对好朋友，并有共同的朋友圈。但从某一天起，布朗克开始躲着约翰。

　　朋友们问约翰："你欺负布朗克了吗？还是惹他生气了？"

　　约翰无奈地摇头："不，我只是借了一笔钱给他。"

　　朋友们很奇怪："你借钱帮他是好事，为什么他还要躲着你呢？"

　　约翰说："天知道！我只是想和他的太太看一场电影。你们也都知道，布朗克太太是那么的漂亮迷人。"

🎙 趣味点评

　　约翰借钱帮布朗克渡过难关，这本是一件大好事，但他以此提出要和布朗克太太约会，显然他的动机不纯。他帮助布朗克只是为了获取好处而已，因此算不上帮助。而这恰好印证了管理学中的"史崔维兹定理"——如果你为了获得好处去帮助他人，那就不算帮助他人。在公司管理中，这样的情况经常出现。

♟ 管理学解读

　　"史崔维兹定理"是美国社会心理学家史崔维兹在通过观察和研究人与人之间的相处模式后提出来的。很多人在帮助别人的时候，首先想到的是"我帮助他后我能得到什么好处"，一旦没有得到这份好处，就会失落，并后悔自己施以援手，甚至责怪对方："我帮助你了，为什么你不回报我呢？"

在这种心理作用下，"帮助"已经变成一种动机不纯的工具，而不是发自内心的真诚。就好比幽默故事中的约翰，他在朋友布朗克面临经济危机的时候伸出援手，如果他只是单纯地想要帮布朗克渡过难关，布朗克自然对他满心感激。然而，他借钱的目的是想接近布朗克太太，这不由得让布朗克怀疑他的动机不纯。任何人都会对动机不纯的人加以提防，所以布朗克才会躲着约翰，即使他借钱帮布朗克渡过难关，布朗克也不会感激他的。

不要以为这只是个体与个体之间才会发生的事情，管理者无论是面对员工，还是面对竞争对手，都会经常面临这种情况，而且处理起来会更棘手，而且需要更多的智慧。

有一位企业家，在企业发展壮大后需要招聘新高尖端人才，他一边招贤纳士，一边去大学捐助，并提出捐助的学生毕业后可以来他公司上班，为此还专门签了合同。很多人都夸这位企业家有善心，被捐助的学生也很感激他，毕业后都纷纷到他公司工作。

然而，有一部分学生工作一段时间后有了更心仪的去处，但他们之间有合同，不在该企业工作就算违约。这时，被帮助的学生们便反过来质疑企业家的动机，说他并不是想真诚地帮助贫困大学生，只是为企业储备新鲜血液而已，并因此论证他们之间的合同是否有效。

企业家本来是想帮助他们，然而却落得这样的下场，很是无奈。他说："这些学生根本没有想过，我如果只是为了给公司储备新鲜血液，那我完全可以用捐助他们的钱去招聘优秀的人才。"企业家帮助他人的慈善之心是好的，只因为他在这件事情中收获了人才，所以在别人看来是获得了好处，因此被怀疑动机不纯，他的帮助也就不算是帮助。

这种管理者面对员工时可能会遇到的史崔维兹定理现象，很让人头疼。但这还不是最难处理的问题，因为这种是能解释清楚的，只要好好沟通，把自己的初衷讲清楚，让对方看到自己的真诚，就能皆大欢喜。实在解释不清的话，最坏的结果也就是一拍两散，对方不知感恩，双方情谊不复存在而已。

管理者在工作过程中，还会遇到一种与竞争对手之间的史崔维兹定理现象。这种现象一旦出现在对手之间，就有可能引起损失。这一点，身为管理者一定要警惕。

某科技企业在发展过程中，因为过度扩张，导致资金链出现问题，急需融资。这时，一直和这家企业是竞争对手的一家互联网大企业出现了，企业管理者提出，可以投资给该科技企业，同时把竞争项目也让给科技企业来做。科技企业的管理者非常高兴，企业有了这笔资金就能渡过难关，有了这个项目就能发展壮大，真的是遇到了贵人相助。

然而，科技企业的管理者并没有高兴太久，就心生出了警惕之心，原来互联网企业的管理者提出，投资了这笔钱，就要把该科技公司收购到自己的旗下。也就是说，该科技企业将不复存在，只是互联网企业的一个部门而已。在得知真相后，该科技企业的管理者为了保护自己的企业不被吞并，当即拒绝了互联网企业管理者的投资。

如果你是该科技企业的管理者，你会怎么做？是毫无戒备地接受互联网企业的条件，还是因为对方的不纯动机而断然拒绝对方的帮助？面对史崔维兹定理现象，这是一个值得管理者深思的问题。

👍 日常应用

在日常管理中，要尽量避免自己陷入史崔维兹定理现象中。对此，我们可以这样做。

1. 无条件地帮助他人

当我们帮助他人时，尽可能在对方提出帮助的请求后，再伸出援手。同时，只是无条件提供帮助，不要有任何帮助之外的言论，就能避免动机引人误会的事情发生。

2.接受帮助时要清楚对方的意图

每个人、每个团队都会有遭遇困难的时候，当我们需要接受帮助时，一定要弄清楚对方的意图，如果对方怀有其他目的，我们就要审时度势，如果没有，就可以心怀感恩地接受，并在困难解除后主动回报对方。

奥美原则：顾客是上帝

饭店里，几个客人在打架，服务员站在旁边并未劝阻。经理得知此事非常生气，质问服务员："你知道顾客是上帝吗?"

服务员回答："当然，经理，正因为他们是上帝，所以我才不敢上前劝阻。"

经理怒斥道："这是什么话?"

服务员说："上帝是神仙。诸神打架，岂是我等凡人能劝得开的。"

🎙 趣味点评

虽然服务员的回答很幽默，但这也说明一个道理：经理和服务员都深谙顾客是上帝的理念。只有把顾客服务好，才能获得利润，让企业有所发展。管理学中的"奥美原则"即是："服务顾客至上，追求利润次之。"

♟ 管理学解读

"奥美原则"是美国奥美广告公司提出来的。遵循这条原则，奥美公司从一个仅有两名员工的小公司发展成世界上规模最大的传媒公司之一。即使现在奥美公司已经成为公关、设计、新媒体等领域的专家，它依然始终坚持这一原则。奥美公司的管理者把这条理论归纳为六个字：顾客就是上帝。

顾客是上帝，就是"服务顾客至上，其次才是追求利润。"顾客提出的所有要求都要尽力去完成，并力争达到他的满意。只有这样，顾客才会购买我们的产品。顾客消费了，我们的利润也就随之而来。

当我们为用户提供产品时，首先想到的不应该是利润，而应该是用户本身。一旦用户满意了，消费了，自然就会给我们带来利润。纵观中外企业，有很多都是先讨论利润，然后根据利润去拉流量。只有为数不多的几家企业奉行用户至上的原则，其中，腾讯便是践行此原则的最大受惠者。

腾讯的管理者马化腾创建 QQ 的时候，根本没有想过牟利。他只是想要为网民们打造一个能够相互交流的平台。很快，QQ 就问世了。QQ 的问世给网民们打造出一个网络社交世界，即使足不出户，也能与世界各地的网友们交流，一下子就满足了网民们最大的需求。

此时腾讯并没有利润，虽然 QQ 用户每天都在成千上万地增加，但 QQ 软件的使用始终都是免费的，所以腾讯一分钱的利润都没有。到最后，马化腾的钱都搭进去了，眼看腾讯的资金链就要断裂，无数投资人都关注过这个被无数用户拥护的产品，但在看到腾讯只专注服务用户，却没有利润的状况后，纷纷退却了。

不过，这种状况很快就有了改观。由于网民们都习惯并喜欢上了 QQ 的服务，并愿意为它买皮肤、买会员等，没过多久，财富就像潮水一般从四面八方向腾讯涌来，腾讯很快就跻身世界五百强企业的名单，而马化腾更是跃居财富榜的榜首。

服务顾客至上，追求利润次之。马化腾的管理让我们看到了"服务顾客与获得利润"的因果关系。在市场经济的驱使下，"把顾客当成上帝来对待"这句话每个人都会说，然而真正落实到行动上的却少之又少，因为实在是太难了。

网络上流传着"甲方爸爸"的话，就是指用户的要求太刁钻，怎么努力服务也达不到他们的要求。比如用户要求做一个视频，服务方做好了，但对方却很不满意。用户从很多非专业的角度提出问题，而服务方用非常专业的知识——解答。但因为用户不懂分镜、成片之类的术语，所以也听不进去服务方的解释，总之就是一直不满意。这种情况下，要做到"把顾客当成上帝"真的是非常困难。

在美术学院毕业后，王丽开了一家美术工作室，专门给客户设计图片美术，迄今已有三年。在这期间，她遇到过无数客户，对于客户的挑剔，简直可以用"血泪"二字来形容。有一个客户要做一个广告图，她安排员工做好后发给客户，很快她就收到了客户的责备："小王，你的图片不要压缩成 Zip，打包给我就行了。"王丽忍住脾气，回答说"好的。"随后，客户又说，"不要发给我 Zip 格式的照片，发给我 JPG 的原图。"王丽说："这个……"客户马上就打断她："我用图，难道你比我懂？"王丽只好不说话。到最后，客户说："这个颜色不行啊，虽然你说印刷好看，但我觉得现在非常不好看，算了，我不要你们弄了。这都是什么啊，这么久都做不好一个图。"就这样，王丽尽心尽意也没有能把外行的客户服务到满意。

但我们应该知道，也正是这种时候是最考验我们做管理者的能力的时候。无论用户多么难以接待，我们的战略核心始终要以满足用户的需求为出发点，要相信只要围绕用户的需求服务，总会有达到用户满意的那一天。所谓："精诚所至，金石为开"，就是这个道理。

👍 日常应用

在日常管理工作中遇到刁钻的用户时，我们不要发愁，可以尝试用以下几个技巧处理。

1. 提供超越用户期待的服务

在项目中首先弄清楚用户的需求，然后把提供的服务提高到用户的需求之上，这样就能让用户折服于你的服务，用户自然就会被吸引，从而成为核心用户。

2. 不要直接说"不"

当用户不满意你和你团队的服务时，或是你和你的团队无法满足用户的需求时，不要直接说"不"，而是委婉地向他推荐能够满足他需求的产品服务。当你真诚沟通时，也许用户会降低自己的要求来选择你。

古德曼定理：保持沉默

一位飞行部队的中校，来到调任后的新部队，他在第一次给士兵们训话时，士兵们刚要张嘴，他就严重警告士兵们保持沉默，然后开始训话：

"你们喜欢射击吗?"

士兵们不说话，只是齐刷刷地点头。

"好，"中校又问，"你们喜欢跳伞吗?"

士兵们又整齐地点头。

"很好，"中校再问，"你们都喜欢开飞机吗?"

士兵们继续整齐地点头。

"非常好，"中校说，"下午咱们练习飞行课。"

只听士兵们齐声高喊："中校先生，请原谅我们无法继续保持沉默，因为我们是陆军部队。"

🎙 **趣味点评**

中校要求士兵们保持沉默，其目的是让士兵们学会倾听，但他自己却没有做到这一点，从而闹出了笑话，对着陆军部队说训练飞行部队的话，而士兵们的回答对他来说是一个莫大的讽刺。

中校的尴尬告诉我们：只有善于倾听的人，才是一个懂得沟通的人。倾听需要沉默，没有沉默就没有沟通。基于这一点，美国加州大学的心理学教授古德曼提出了"古德曼定理"。作为一名管理者，只有懂得这个定理并运用到位，才能和下属及客户进行有效的沟通。

管理学解读

在我们和客户谈工作的过程中，经常会遇到这样的情况：一方讲得天花乱坠，但当对方想要发言时，都被他制止。等他表达完毕，对方却已经没有了表达的欲望，只是耸耸肩摇摇头，然后客套几句离开，合作自然就无从谈起。这种有强烈表达欲望，不懂得沉默与倾听的管理者，最后必然会以失败告终。

但如果是擅于用沉默来进行沟通的管理者，就会是另一种景象。流传较广的就是尼克松和毛泽东主席沟通的故事。

当年尼克松来中国进行访问，毛泽东亲切地接见了他。在见面会上，毛泽东并不多言，只是微笑地注视着尼克松，并认真地听他讲话。后来尼克松说："毛主席虽然没有说多少话，但是他那双睿智的眼睛一直注视着我，我说的话他都已经明白。"后来，他们成为好朋友。

毛泽东正是因为深谙"没有倾听就没有沟通"的道理，在对方说话的时候，他并不多言，只是面带微笑静静地倾听，这样不但让对方有更充足的时间去表达自己的想法，也让对方感觉到被尊重，对方也因此更愿意释放出自己的善意，双方的心自然很快就能达到融洽。像幽默故事中的中校那样急急忙忙地表达自己的想法，却不给对方表达和解释自己的时间，最终只会闹出一场笑话，而自己的管理也就变得毫无意义。

需要注意的是，在古德曼定理中说的"没有沉默，就没有沟通。"这句中的"沉默"并不是指"纵容放任"或"不干涉"，而是让对方有准确表达自己思想的时间，同时也是给自己理解和思考的时间。就像毛泽东那样，他沉默，是为了不打断尼克松的思路，让其能够准确地表达想法，同时他也确保自己能够准确地接收其思想，从而保证能够和对方进行准确有效的沟通。

很多管理者因为不够"沉默"而在管理上出现重大失误，这种情况经常会出现。

陈经理是某家房地产公司的销售部主管，在房价居高不下的情况下，房屋销售工作越来越难做。总经理告诉他，销售业绩如果还不达标的话就要辞退他，陈经理为此焦头烂额。

这天，陈经理把所有员工都安排出去发传单，自己一个人在售楼大厅长吁短叹。这时走进来一个看似土里土气的中年男子。那中年人一进门就对陈经理说："我想要买房子，但是房价太高了，没钱真是买不起……"陈经理没等他把话说完就打断他说："没钱上这里干什么来？去去去，别来这儿捣乱，我们的房子不卖给你。"中年男子还想说话，陈经理却已经毫不客气地将他赶了出去。

下午，陈经理就接到上司让他离职的电话。原来，那个中年人和他们上司认识，他是一家餐饮连锁店的老板，很有钱，本来是要来买五套房子的，但陈经理自始至终都没有安静地听对方表达自己的想法，就自以为是地把人家撵走了。那个中年人回去后和陈经理的上司通了电话，于是，上司很气愤地对陈经理说："你拉不到业务也就算了，我帮你拉来业务还被你赶走了！"陈经理就这样丢了工作。

如果陈经理能够安静地听中年人说清来意，那么结局就会完全不一样，他不但能够完成部门销售业绩，还能受到上司的夸赞，而中年人的人脉圈又会给他带来更多的客户。但他不愿意"沉默"，也失去与客户建立起良好的沟通的机会，管理工作因此出了大错。

👍 日常应用

在日常管理工作中，为了和用户或下属建立起良好的沟通，一定不要自以为是，要给对方时间陈述自己的想法。如果你是一个总爱打断别人说话的管理者，那你就要注意这几点。

1. 顾及他人感受，不要抢话

当别人在说话的时候，一定要耐心倾听，千万不要急于表达自己的看法而贸然打断别人的讲话，那样你就无法了解别人的思想，也就无法与对方进行有效沟通。

2. 克制脾气，让浮躁的心安静

我们经常会因为脾气急躁，而去打断别人的讲话。脾气急躁通常是因为心态浮躁，把心安定下来，脾气自然得到缓和，所以脾气急躁的管理者平时要注意修身养性。

费斯诺定理：你有一只耳朵，两张嘴巴

苏格拉底去公园散步时，遇到一个年轻人。年轻人向他滔滔不绝地讲述着自己的想法，苏格拉底耐心地听着。

一个小时后，年轻人还没有停下来的意思。苏格拉底无奈地打断他说："年轻人，你应该去看医生。"

年轻人问："为什么？"

苏格拉底说："因为你现在只有一只耳朵，但却有两张嘴巴。"

🎙 趣味点评

年轻人只顾自己的倾诉，却忽略了倾听者的感受。苏格拉底诙谐地告诉他，他的话多得一张嘴根本说不完，所以有两张嘴，而他只顾着自己说话，却不听取别人的意见和建议，所以苏格拉底幽默地说他只有一只耳朵。

这则故事提醒人们：人之所以有两只耳朵和一张嘴巴，是因为要少讲多听。这一点在企业管理中尤其重要。如果管理者懂得这个道理，学会倾听的艺术，就能解决许多管理中出现的问题。在管理学中，这就是著名的"费斯诺定理"。

♟ 管理学解读

"费斯诺定理"是英国联合航空公司总裁兼总经理费斯诺提出来的。

英国联合航空公司是全球最大的国际航空客运公司，旗下有众多员工。身为公司总裁兼总经理，费斯诺每天都要做大量的沟通工作。在工作中，费斯诺发现，手下的很多管理者都爱表现自己，却不给员工说出自己想法的机会，这就导致工作中出现了不少问题。总结这些问题后，费斯诺提出了"少讲多听"的费斯诺定理。他告诫那些管理者：倾听是管理者和员工沟通的基础，只有真正掌握了"倾听"这门艺术，才能成为一个合格的管理者。

2018 年冬天，一家民宿连锁酒店的老板，听说云南的洱海边风景好，开民宿挺挣钱，就去洱海边转了一圈。他发现那边的风景的确不错，游客也多，于是动了去洱海边开民宿酒店的念头。在公司的管理层大会上，他不停地说自己去洱海考察的情况，其中有一位下属犹豫了很久才说："老板，我觉得还是要慎重，因为最近那边环境治理挺严格的……"没等下属说完话，他便打断了下属的话："这不用担心，我去考察过了，根本没问题。"就这样，民宿连锁酒店的老板完全没有考虑下属的意见和建议，便制订了在洱海扩张新店的计划。

经过租房、装修和宣传，投入几百万后，新店热热闹闹地开张了。因为是连锁，有客源基础，所以新店很快就客流如织。老板非常得意，在公司管理层会议上还把上一次给自己提建议的下属批评了一顿。

谁知，刚过去一个月，就接到政府公告：为减轻洱海污染负荷，促进洱海水质稳定改善，要对洱海周边的民宿进行整顿。这个公告意味着刚开张的连锁民宿要停业，几百万的投入因此打了水漂。老板此时才意识到自己的错误，如果他当初听了那名下属的建议，也就不会做出这个错误决策。

可见，"倾听"对于管理者来说，有着非常重要的作用。只有认真对待员工的意见和建议，并认真分析其背后深层次的原因，才能在工作中避开风险，让企业顺利发展。

多听少说，是一个人成熟的表现，更是一个企业管理者必须具备的品质。但管理工作又要求管理者对员工进行各种指导工作，指导需要清晰表达自己的观点，需要多说话，因此有人会说，这二者之间很矛盾。

这是一种谬误。管理者是员工的上层，是项目的决策者，需要具备纵览全局的能力，他的指导观点是建立在纵观全局能力的基础上。而这份能力从何而来呢？除了平日的知识储备和经验积累外，员工的意见和建议具有重要作用。也就是说，管理者在做指导工作之前，先要听员工的汇报，即在"多讲"之前要"多听"。

小克伦克是英超俱乐部的主要管理者，平日的工作主要是负责管理协调教练和队员之间的沟通交流。在 2019 年欧联赛上，教练埃梅里的指示和战术让球队队员们感到困扰，他们认为埃梅里的战术严重扼杀了球队的创造力。但埃梅里并不认可这样的批评和指责，依然我行我素地坚持自己的做法。一时间，矛盾骤起，甚至闹到媒体上，整个俱乐部的颜面尽损。

媒体、俱乐部工作人员和队员们的矛头都指向埃梅里，好像只有小克伦克把埃梅里辞掉才能大快人心。小克伦克面对这种局面并没有马上做出决定，而是不远万里从美国飞到英国伦敦，倾听了解埃梅里的想法。在埃梅里的办公室，小克伦克没有说话，只是耐心地倾听埃梅里对球队相关问题的解答。然后，他做出了支持埃梅里继续担任足球队教练的决定。

如果小克伦克不是个善于倾听的人，那么他就会在所有人都指责埃梅里的时候，做出辞掉埃梅里的决定。但他愿意聆听，并在耐心聆听后经深思熟虑才做出决定。由于他一直以来做的决定都是正确的，所以当他做出支持埃梅里的决定后，其他工作人员和队员们都纷纷放下了对埃梅里的成见，英超球队所有成员的心又凝聚在了一起。而这个事件，也是管理者小克伦克应用费斯诺定理的结果。

👍 日常应用

在工作中，许多管理者更倾向于倾诉，经常出现打断别人说话的情况。为了避免这种情况发生，我们可以这样做。

1. 慢一点再说，会更完美

和其他人交流时，先要认真聆听他人的观点。当我们忍不住想要表达自己的想法时，可以在心里暗暗告诫自己：慢一点，等对方把话说完，在此基础上表达的观点会更完美。

2. 认真倾听，是一种素养

要在自己心中树立一种观念：认真倾听别人的话，是一种素养的表现。当这个观念根植于心底，每当想要打断他人的话时，心里就会生出警示：这是一件很没有素养的事情，你确定自己要做一个没有素养的人吗？只要这样想，你就会马上停止打断他人的念头。

欧弗斯托原则：决定说"不"

五岁的女儿要去游乐园，父亲则要带她回家。

女儿很生父亲的气，说："今天你无论说什么，我都决定回答'不'！"

父亲想了想说："你不介意跟我走吧？"

女儿："不！"

父亲："你不反对我们回家吧？"

女儿："不！"

父亲："真是我的乖女儿！走，我们回家！"

🎙 趣味点评

女儿在自己愿望没有得到满足的情况下，对父亲产生了排斥心理。聪明的父亲则利用"欧弗斯托原则"巧妙地让女儿一直不反对自己的建议，最终成功地说服女儿跟自己回家。欧弗斯托原则就是"开头就让他不反对，这实在是一件最好不过的事情。"

♟ 管理学解读

"欧弗斯托原则"是英国著名心理学家 E.S. 欧弗斯托提出来的一条理论。这本来是欧弗斯托在长期工作中，针对个体心理总结出来的经验，但因为企业的管理就是对人的管理，所以这条理论同样适用于管理工作。

和其他管理学理论略有不同，欧弗斯托原则读起来稍有一些拗口。"说服一个人的时候，开头就让他不反对。"这句话的意思其实就是，想要让一个人不反对我们的观点，就要先让对方不反感我们。

很多管理者并不懂这一点，当员工出现错误时，总是当面指责员工，这样反而会让对方产生强烈的抵抗情绪，轻则影响员工的工作效率，重则有可能激起员工的逆反心理，把工作往坏里做，导致项目受到影响。

一家互联网科技公司接到一个项目，要求在三天内完成产品研发，所有工作人员都加班加点地干。但第二天是周六，员工小 A 没有来。等到中午，主管在公司的工作群里发了一条点名批评这个员工的信息："小 A，今天我已经等了你一天，全公司都在加班，你却安安心心在睡觉，太不应该了。"

主管这样做或许是出于"杀鸡儆猴"的心理，但他却完全没有考虑到小 A 的心情。在工作群里指责自己，相当于当着公司所有同事的面指责自己，小 A 下不来台，心生抵触情绪，他当即回复说："昨天没有人告诉我要加班。如果有人告诉，我自然会去。没有人和我说，那我自然要歇周末的。我不是机器人，无法做到 24 小时待机，所以您另请高明吧！"

主管本是想说服小 A 快回去加班，但却适得其反，激起小 A 的抵触情绪，结果把员工逼走了，临时找人又不现实，如此一来，主管反而让自己陷入一个更艰难的境地，如果他换一种说话方式，结果也许会完全不同。

他完全可以和小 A 这样说："今天周末本应该让大家去休息，但项目追得太紧，实在是没办法。为了咱们团队的发展，小 A 快回来加班哟！"如果换成这样的说辞，小 A 会马上赶回公司的，因为这样的说辞首先是对占用员工的休息时间表示抱歉，这会让员工产生集体荣誉感和凝聚力，自然就会换来员工的理解和支持。

就像幽默故事中的那位父亲，想让不愿意回家的女儿听从自己的话，那么就不要去惹恼她，而是顺着她的话，让她找不到反对的理由。主管想要员工回公司，也不要去惹恼他，而是让他不反对"加班"这件事情，这一点至关重要。

当员工犯错的时候，管理者一定要注意措辞，千万不要伤及他的尊严，最好是巧妙地暗示员工的错误，这样就不会招来员工的抵触情绪，从而达到成功说服员工的目的。

管理是对人的管理，管理者在工作中做得最多的事情，是要说服别人。尤其是现在的公司经常要融资，这关系着企业的发展存亡，所以怎样说服投资方，是一件非常重要的事情。

大家都知道软银公司的孙正义投资马云的阿里巴巴 2000 万美元的事情，却很少有人知道马云是怎样说服孙正义的。在去见孙正义之前，马云对他做了清晰的了解，知道他对真诚的、有梦想激情的人有好感，于是他用六分钟向孙正义展示了自己的真诚，以及自己对阿里巴巴未来发展的构想和信心。

为了让孙正义不反对投资给阿里巴巴，马云采取了先不让他反感的做法。恰如马云了解的那样，孙正义非常欣赏有梦想和激情的人，当他看到马云为了梦想双眼炯炯有神的样子，便一下子被他说服了，仅用了六分钟，他便同意了马云的想法，投资给阿里巴巴。

身为管理者，职场时时刻刻都在考验你的沟通能力，你能说服怎样的人，你就能做成怎样的事情。

👍 日常应用

怎样说服员工听从我们的安排和调度，是一项考验管理者沟通能力的工作。这里分享几个技巧，只要掌握并灵活运用，就不难说服一个人。

1.避免反感和抵触情绪

我们和员工沟通时，一定要考虑到他们的心理承受能力，并选择恰当的表达方式，不要让他们对你的话语产生反感，一旦员工产生反感，就容易抵触，有了抵触情绪，就不会认真对待工作。

2.引导式提问找到交集点

想要说服员工，首先要在同一件事情上与员工有共同想法，这样就很容易达成共识，达成共识是说服对方的基础。想要知道与对方的想法是否一致，可以采用诱导方式，通过一些引导性问题让对方说出他的想法。

第六章　决策篇

认清管理对象，直面世界真相

福克兰定律：一点都听不懂

美国海军军舰在日本港口停靠，士兵们上岸去购买日用品。美军高大挺拔的身姿很快就吸引了无数日本女孩的目光，有些大胆的甚至上前和他们拥抱。

士兵汉尼被一个日本姑娘抱了很久，他却一直都没有拒绝。回到军舰上后，汉尼被长官关了禁闭。

长官说："你身为一名美国士兵，却在大庭广众之下和一个日本姑娘抱在一起那么久，有损我们军队的威严，该关。"

汉尼委屈地说："长官，姑娘说的是日语，我一点都听不懂，所以不知道该怎么办啊！"

🎤 趣味点评

日本姑娘拥抱了汉尼，但她说的是日本话，汉尼听不懂，就不知道该怎么办。在不知做怎样的决定时，他选择完全不做决定，这样既不会伤害姑娘的自尊，也不会让自己出丑。虽然受到长官的批评，但不得不承认，汉尼这是最正确的做法。

在公司管理中，也会遇到很多事先无法预料的状况，如果在手忙脚乱中做出仓促的错误决定，反而不如不做决定。管理学家们就此提出一条管理学理论：当你不知道该如何决定的时候，有必要按兵不动，这就是著名的"福克兰定律"。

🔲 管理学解读

"福克兰定律"是法国管理学家福克兰提出来的，这条理论告诉我们：当我们不知道该怎样行动，无法辨别是机会还是陷阱时，最好的决策就是不做决策。当管理者面对某一个项目不知道该怎样行动，说明对该项目的相关知识了解得不够翔实，在这种情况下鲁莽行事，只会酿成大错。

MaJoy 公司的管理者茅侃侃，在经历了 MaJoy 公司连年亏损后，陷入焦虑和抑郁的状态。他把自己完全置于一个封闭的状态，对外界的各种信息不再敏锐，也不知道接下来该怎么走。就在这时，万家文化公司提出要和茅侃侃合作。处于彷徨中的茅侃侃当即做出一个仓促的决定：与万家文化成立合资公司万家电竞，并出任 CEO。

可在他上任后才发现，电竞行业发展迅猛，而这几年一直处于负面情绪中的他根本不知道市场的风云变幻和风险，导致万家电竞从成立那天起就处于亏损状态，一年半后，公司负债约 4800 万。茅侃侃顶不住如此大的压力，最终选择了自杀。

倘若茅侃侃在做出担任万家电竞的 CEO 之前，对电竞行业做一个细致的了解，就能清楚了解是机会还是陷阱，也就能清楚自己该做怎样的决策。如果不是急于成立万家电竞，他后来也不至于负债过重而崩溃自杀。

企业身在资本市场中，犹如小舟行进在大海上，处处都暗礁涌动，身为企业的管理者，也就是小舟的掌舵人，如果对密布的陷阱毫无察觉，就贸然做出前行的决定，则有可能在资本市场这片汪洋大海里翻沉，就像茅侃侃那样。但如果像幽默故事中的"汉尼"那样不做决定，静观其变，就不会弄出乱子来。

按兵不动，不是让你一直不做决策，而是暂时腾出时间来让你去更充分地做准备工作，为最终做出正确的决策奠定基础。互联网时代，信息不但大爆炸，而且还共享，时机稍纵即逝。管理者想要抓住机会，就要迅速了解市场走向，才能不错失机会。

区块链技术早在几年前就在科技领域有所发展，但身为文化领头羊的出版社的管理者却一直不敢出版有关这项技术的科普图书。之所以按兵不动，是因为这项技术从发展那天起就和虚拟货币有牵连，并且全世界的国家政策都没有把区块链技术提到台面上来讲，所以出版社也不能贸然去做这个宣传。

直到 2019 年 10 月下旬，政府给区块链正了名，说此技术是好东西，要正视它并把它落在实处，出版社管理者一下子就明确了方向，于是，马上寻找相关专业技术人士写书科普于大众。出版社管理者的这个决策，就是暂时按兵不动，只等方向明确，此时做出的决策才能保证正确性。

由此可见，管理者想要做出一个正确决策，在尚不知如何行动前先不要急于做出决定，而是要等到方向明确后再做出决策。

👍 日常应用

怎样才能确保做出决定前的这个"暂时过渡"的时间更短一些呢？其实并不难，在这里给大家介绍几种方法。

1. 号召下属提供方案

无论管理者考虑得多么周到，也总有百密一疏的时候，但如果集众家之长，就不会有疏漏。所以在做决策前，号召下属参与进来，提供多种方案。你要做的就是把这些方案融会贯通，加以提炼，最终做出最恰当的决策。

2. 多搜集相关信息

互联网时代，信息呈大爆炸式迸发。在这些信息中寻找你要做决策的相关项目的资料，并去分析和积累足够多的运作经验，就能做出正确的决策。

王安论断：阿凡提的毛驴饿死了

据说阿凡提的毛驴跟着阿凡提以后，也变得爱思考起来，号称世上最聪明的毛驴。

有一次，阿凡提决定考一考自己的毛驴聪明到什么程度，于是给毛驴买了两份草料，一份鲜嫩，一份美味。

阿凡提把两份草料同时摆在毛驴面前，毛驴却犯了愁："先吃左边的，可右边的看起来更鲜嫩；先吃右边的，可左边的看起来更美味。我究竟该先吃哪一堆草料好呢？"

阿凡提说："当然是选一份你最爱吃的先吃，你这头蠢驴！"

毛驴说："主人啊，它们我都爱吃，所以不知道该先选哪份吃好呢？"

在犹豫不决中，号称最聪明的毛驴就这样被活活饿死了。

🎙 趣味点评

毛驴因思虑太多，导致做事优柔寡断，它纠结于先吃哪份，无法做出决策。犹豫不决固然让毛驴免去了错失吃更鲜美草料的可能，但也让它失去了活下去的机会。

这种"犹豫不决固然可以免去一些做错事的机会，但也会失去成功的机遇"，在管理学中称之为"王安论断"。

♟ 管理学解读

寡断能使好事变坏，果断可转危为安。这是美籍华裔企业家王安博士提出来的理论，因此叫"王安论断"。

王安之所以得出这个论断，源于他的亲身经历。王安小时候，有一天路过一棵大树时，树上的鸟巢突然掉下来滚落在他面前的地上。从鸟巢里滚出一只小麻雀，小麻雀刚被孵出来不久，尚不能飞，非常可爱。王安很喜欢它，决定把它带回去喂养。

但王安的妈妈却不允许他在屋里养小动物。王安把小麻雀放在门外，然后独自进屋去请求妈妈允许他饲养那只小麻雀。在他的苦苦哀求下，妈妈终于答应了他，但王安走到门外却发现小麻雀已经被一只野猫吃掉了。

这件事情给王安留下深刻的印象，他甚至把此事看作自己一生中最大的教训。通过这个教训，他得出一个结论："犹豫不决固然可以免去一些做错事的机会，但也会失去成功的机遇。"这是因为犹豫不决会阻止一个人形成坚决果断的行为习惯。没有这个习惯，遇到事情就会摇摆不定，在行动上就会产生不必要的踌躇和疑虑，它会消耗你的精力。长此以往，就会使你丧失一切原有的主张。一个丧失自己主张的管理者，永远逃脱不了失败的命运。反之，则会成功。

对于管理者而言，1992 年那场金融风暴并不陌生。当时，人们都在抢购英镑，导致世界各地的货币市场出现混乱。金融投资家乔治·索罗斯一直冷静地观察着这场风暴。当抢购狂潮达到高峰时，他的同事说："虽然英镑价格下跌的时间到了，但依然存在风险，所以第一注不要下得太大。"索罗斯否定了同事的迟疑，他说："现在是下大注的时候了，我们自始至终都清楚这场风暴的走向，所以这点自信我们要有。"他果断下令全力出击，最终在这场风暴中赚了 16 亿美金。

如果索罗斯听了同事的话，迟疑不决，那么他的公司是不可能在这场金融风暴中胜出的。作为公司的管理者，他在形势突变的情况下，当机立断，做出正确的决策，才最终获得成功。如果阿凡提的那头毛驴能够像索罗斯一样果断地下决定，那它就不会饿死。由此可见，坚决果断多么重要。

无论是在人生旅途中，还是在商海职场上，能够生存或克服困难的人，都具有坚决果断的性格。坚决果断能帮我们克服不必要的顾虑，令我们勇往直前。而那些左顾右盼的人反而因为顾虑重重而变得茫无头绪，无法沿明确的思想轨道去深思熟虑，当然也就无法做出果断决策，成功也就无从谈起。

👍 日常应用

管理者想要把王安论断准确有效地运用到管理中，就要做到以下三点。

1. 学习辨认机会

机会是通往成功的路，只有懂得辨认机会，才有希望走向成功。

2. 练就果敢性格

机会稍纵即逝，一旦错失就可能再不会来。要抓住机会，就要练就果断的性格，才能做出敢拼敢赌的决策。

3. 准确分析形势

敢拼敢赌，不是茫然去拼去赌，而是建立在对全局形势的充分估计和正确分析的基础之上的。只有掌握了准确分析形势的本领，才清楚该不该去冒险，该不该下决断。

快鱼吃慢鱼：孩子要掉下去了

司机驾车行驶在乡下空旷的公路上。一辆摩托从他身边疾驰而过，摩托尾座上的孩子眼看就要掉下去了。

司机连忙追上去拦下摩托车，说："你慢点开。"

摩托车手说："慢了不行啊，先生！我需要速度。秋季摩托车赛的奖金可是我们全家一年的开销呢！"

司机说："那你也不能拿孩子玩命啊！孩子要掉了。"

摩托车手回头看了一眼孩子，忽然惊叫起来："儿子，你妈妈呢？"

🎙 趣味点评

摩托车手需要速度和效率，慢了就无法获得奖金，以至于全家会面临生存问题，为了求快，他甚至把自己的老婆弄丢了。这虽然只是一则幽默故事，但从中我们可以看到"速度"的重要性，有时候，它是和全家的生存发展联系在一起的。

在互联网时代，企业发展也是这样，对客户需求做出迅速反应的企业就能抓住机会，而那些反应慢的企业就只能被淘汰。思科CEO钱伯斯提出了"快鱼吃慢鱼"的管理理论。

♟ 管理学解读

美国思科公司的管理者约翰·钱伯斯有"互联网先生"的美誉。能获此美誉，是因为钱伯斯的经营策略和连接电脑的网络一样错综复杂，他的战术变幻莫测，每次都迅速而正确，只要他插手的项目，没有对手能够夺过去。

钱伯斯根据自己几十年观察到的全球各大企业竞争的经验，总结出"快鱼吃慢鱼"的管理理论，这条理论的核心点就是"快"！想要快，管理者就要像围猎的猎手一样时刻盯紧市场，一旦发现市场新动向，就要马上对企业做出调整以顺应市场，只有这样才不会被市场淘汰。

当年，钱伯斯在加州的技术会议上一眼看上了一家电信设备科技公司的技术产品，他和该公司的首席执行官卡尔·鲁索说："我要花多少钱收购你的公司？"鲁索正计划把公司推上市，当场就拒绝说："不，我想知道花多少钱可以打消你的想法？"但在鲁索把公司推上市后不久，钱伯斯就通过"以69亿美金购买该公司的大部分股票"的方式将该公司收购到手。

钱伯斯采取的就是快鱼吃慢鱼的办法，鲁索本来是执意不卖自己公司的，但他在公司上市后，一直沉浸在上市的喜悦中，反应就慢了一些，而这时的钱伯斯已经以迅雷不及掩耳之势出手购买他们公司的股票，等鲁索意识到这个问题时已经晚了。

传统时代的企业管理者，倡导的是"十年磨一剑"。无论是公司发展，还是产品打磨，都要求持久专注。但这一套战略在互联网时代已经落伍，互联网时代的信息都是公开透明的，而且竞争对手如云。在这种环境下，管理者如果没有效率，那么即使是到嘴的鸭子也会飞掉。

扎克伯格在创建Facebook之前，有一个名叫文克莱沃斯的人，他和他的兄弟已经有创建一个社交平台的想法。但他们总是说"等一等，再等一等，时机还不成熟呢！"他们总想等到技术更成熟一些，对互联网的社交了解得更透彻一些，再着手创建。

然而，在他们一拖再拖中，扎克伯格也有了这个想法。扎克伯格可没有犹豫，他第一天想到建立社交平台，第二天就开始动手写代码。等到文克莱沃斯兄弟认为时机已成熟的时候，扎克伯格的 Facebook 已经问世。后来看到 Facebook 如此成功，文克莱沃斯兄弟后悔得连连顿足。

想要做到快，别无他法，执行力而已！所谓执行力，是指一个人完成预定目标的实际操作能力。无数成功人士的经历告诉我们：执行力是创业的核心竞争力，是把规划转化为成果的关键。是否具备执行力对创业者的目标能否顺利实现起到了至关重要的制约作用。

执行力就是行动的能力，一个人如果只是把计划做得很周密，但却不行动，不付诸实施的话，计划永远也不能完成。但如果一个人有迅速行动起来的能力，就能快速地处理行动过程中的各种问题，把握住稍纵即逝的机会。无论是钱伯斯，还是扎克伯格，都是执行力非常强的人。正是凭借这份迅速的执行力，他们才能成为优秀的管理者。

快鱼吃慢鱼，重点在"快"上。只要做到快，再有准和稳做辅助，就能有效提升个人的执行力。快，就是有了好的创意就要马上开始动手把它变成现实。在这个信息化和高速化的科技时代，机会总是喷薄而出，但最后抓住机会的人却寥寥无几。身为一名管理者，必须要做一个有执行力的人，才有能力带领团队迅速抓住机会，收获成功。

但在"快"的同时，也不能忽视"准"和"稳"。准，就是指在执行的过程中，一定要看准方向，有的放矢。只有这样，才能不被其他不必要的因素带入偏差。有个成语叫"南辕北辙"，就是说一个有执行力的人，因为没有看准方向，而跑了偏，最后离目标越来越远。稳，是专门针对准而言。方向准了，也不能急躁，要高瞻远瞩，将一切有可能出现的问题都列出来，然后找到解决问题的办法，这样才能保证执行顺利完成。

👍 日常应用

当今社会，竞争非常激烈，每个人、每个团队，都面临着"被快鱼吃掉"的危机。想要生存和发展，就一定要做"快鱼"，千万不能做

"慢鱼"。要想做"快鱼"，我们可以这样做：

1. 准确把握市场脉络

在快速出击之前，先做足功课，明确市场脉络和走向，只有这样，才能准确地定位市场，规划项目发展方向。

2. 使用抢先战略，切忌犹豫不决

了解项目发展方向后，就要快速出击，千万不能犹豫不决、拖拖拉拉。否则，结果就只能是眼睁睁看别人成功，而自己却与机会擦肩而过。

猴子 – 大象法则：不是好骑手

一位举重运动员骑单车去旅行，旅途中走进一家餐厅，他点了食物后在餐桌边坐下来。

这时，又来了四个骑摩托车的小伙子。他们把摩托车停在单车四周，然后走进餐厅，抢走了运动员所有的食物。

运动员什么话都没有说，付完钱就走了。

四个小伙子吃完东西，发现餐厅里所有人都在看他们，而且纷纷议论着："他们不像好人。"

这时，有人笑着说："那个刚走出去的人也不像是好人。你们看，他为了取出单车，竟然把四辆摩托车都扔进了臭水沟里。"

🎙 趣味点评

虽然运动员的身体素质比普通人强，但一个人和四个人比，还是势单力薄，要争吵打斗起来的话，运动员根本没有胜算的机会。但运动员却利用自己的聪明机智进行了直接有效的还击。运动员所利用的就是管理学中"以小胜大、以弱胜强"的"猴子 - 大象法则"。

♟ 管理学解读

"猴子—大象法则"是波士顿战略咨询公司提出来的，该公司由亨德森设立，专门为企业管理者出谋划策。亨德森刚成立咨询公司不久，公司还只有他一个人时，就接到一家小企业的单子。这家企业正和一家大型企业争夺一个项目，对于这家小企业来说，该项目决定着企业的生死存亡，因此这家小企业想到花大价钱聘请顾问为自己策划竞争战略。

亨德森接到这个单子后，每天都在思索怎样为该企业策划，才能战胜实力强大的对手，但始终不得其法，为此他心里很是苦闷。有一天，他去丛林游玩，看到一只猴子和一只成年大象正对峙。大象身形庞大，一脚下去就能把猴子踩死。亨德森很担心猴子的安危，但也没有什么好办法，谁也不敢上前去救助猴子，要知道大象发起怒来可不是闹着玩的。就在这时，一群猴子赶来，猴子们围在大象周围，不停地骚扰它，猴子身手敏捷，数量又多，大象顾此失彼，无法抵挡骚扰，连连受挫，最后不得不悻悻而去。

这一幕，激起了亨德森的策划灵感：只要小企业采用灵活敏捷的战略，就能击败大企业，从而获得项目。亨德森以此为方向为这家小企业量身定做了战略规划，这家企业果然击败对手拿到了项目。后来，亨德森的咨询公司把这条管理学理论定名为"猴子 - 大象法则"。

亨德森对猴子 - 大象法则做出了如下诠释：商业世界有大大小小的企业，犹如丛林中的大小猛兽，初创企业是猴子，巨头企业是大象，巨头企业（大象）可以轻易踩死初创企业（猴子），但初创企业（猴子）也可以不断地骚扰巨头企业（大象），而不只是束手就擒。

事实上，亨德森的咨询公司也正是采用这个法则而发展壮大的。1963 年，波士顿平安储蓄信托公司的首席执行官给亨德森下了一道指令，让他建立一支为银行提供咨询的团队，亨德森于是创建了波士顿咨询公司。

虽然亨德森在商场摸爬滚打多年，有着丰富的管理经验，但与同时期最著名的麦肯锡咨询公司相比，仅有亨德森一个管理者的波士顿咨询公司间直小得不堪一提。如果说麦肯锡咨询公司是大象，那么波士顿咨询公司就是一只刚刚出生的猴子，想要和麦肯锡咨询公司分羹，对波士顿咨询公司而言，简直是在做梦。

可亨德森并没有被巨头的庞大吓倒，他把公司定位为企业的智力中心，以改变企业一贯主张的"以扩张为竞争核心"的战略看法，而麦肯锡公司当时最擅长的就是主张"扩张、凭经验前行"。亨德森的主张和麦肯锡的主张恰好相反，麦肯锡公司起初并不把他放在眼里，外界也不看好亨德森，觉得他的反其道而行，必定要失败。

但很快企业管理者们就发现，亨德森的战略观点完全符合时代的发展，这些企业也就陆陆续续地寻求亨德森的战略咨询，而很多企业都是麦肯锡公司的客户，他们的倒戈让麦肯锡公司很是苦恼，看着波士顿咨询公司在亨德森的率领下日益壮大，并逐渐抢去他们的业务，但他们却毫无办法。

后来的发展大家都有目共睹：波士顿咨询公司在亨德森的管理下，从一个一人公司发展成拥有三四千员工的全球型战略咨询公司，与麦肯锡咨询公司成为战略咨询领域共同的霸主。而这一切，正是当初亨德森采用猴子 - 大象法则的结果。

在丛林中，参天巨树只有几棵；在商海里，巨头企业只有几家。小企业和初创企业占多数，更多的管理者都扮演"猴子"的角色。这时，我们一定要巧用这条理论去与对手周旋和竞争，就像亨德森和幽默故事中的"举重运动员"一样，虽然实力上无法与对手抗衡，但只要巧用妙计，往往能够以弱胜强，赢得胜利。

👍 **日常应用**

当我们与比我们强大的对手狭路相逢时，如何去做，才能与他们对抗，并赢得最终胜利呢？

1. 灵活变通，给用户独特的好处

小企业的优势，就是灵活变通能力比大企业强。当小企业和巨头竞争同一批用户时，管理者可利用自己的优势，制定出大企业无法给予用户的好处，这样就能吸引用户，打败强大的对手。

2.挖掘自身特长，让用户觉得你无可替代

小企业与大企业在竞争时，资金上处于劣势，但管理者可以深入挖掘和培养自己独有的特长，让用户在选择的时候，认为你无法替代，那么用户自然就会选择你。

吉格勒定理：得吃五十年

有个青年人梦想成为幽默大师，他给马克·吐温写信，请求做他的徒弟。

马克·吐温告诉他："要做幽默大师，需要积累快乐元素。"

青年人回信问道："听说巧克力的苯乙胺和镁元素能够使人快乐，看来要成为一个幽默大师，是需要吃很多巧克力吧？但不知道究竟要吃多少呢？"

马克·吐温风趣地回答："看来，你得吃五十年才行。"

🎙 趣味点评

青年人想要当幽默大师，这个目标设立得非常高。有了这个目标，他就有了动力。但想要实现这个目标，他需要有一个优秀的老师。青年人深谙"起点高才能至高"的道理，所以要拜马克·吐温为师。如果拜师成功，他就离自己的目标又近了一大步。美国行为学家 J. 吉格勒根据这种现象，提出了"设定一个高目标，就等于达到了目标的一部分"的"吉格勒定理"。

♟ 管理学解读

每一个人从具有思考能力起，心中就会萌生出一个又一个的梦想，这些梦想就是我们目标规划的开始。后来随着成长，很多人的梦想却都流于岁月的长河，没有了目标，生活也就随波逐流。但总有一部分人在实现梦想的过程中，首先给自己设定了一个很高的目标，并且为了这个目标持续不断地付出努力，最后成功的人，必然是这一部分人。这就是"吉格勒定理"想要告诉人们的管理学经验。

设定一个高目标对个人发展很重要，对管理者更是尤为重要。纵观古今中外那些成功的管理者，无不是设定了一个高远的目标，哪怕身处低谷，也不会动摇。

朱元璋做皇帝前，最落魄的时候沦落为乞丐，在一个大雪纷飞的寒日，又冷又饿的他晕倒在一户人家门口。这户人家里有一个老妇人，见此情景连忙把他抬进屋里，并把家里所有的剩饭陈菜汇集在一起，熬成一锅粥喂他吃了下去。

朱元璋清醒后对老妇人说："您好好活着，我将来一定会飞黄腾达，等到那一天，我要报答您老人家。"几年后，朱元璋做了皇帝。他把老妇人请到皇宫里，好吃好喝地款待她，让她享尽荣华富贵，以此报答她的一粥之恩。

朱元璋之所以笃定自己会飞黄腾达，正是因为他心中一直有一个高远的目标：做皇帝。有了这个目标，他已经成功了一半，接下来他坚持不懈地向这个目标冲刺。即使饥寒交迫，即使深陷战场，他也始终没有忘记和放弃这个目标。有了这个高目标，再加上永不放弃，雄心勃勃，排除万难，最终让朱元璋实现了他的皇帝梦。

但只是有高的目标还不行，还要有一个高起点，才能更快地达成目标。为什么这样说？因为要想起点高，就要求你的实力比起点低的人要强，为此，你就会逼自己去增强实力。

比如，你想要做大学教授，本科学历肯定无法帮你实现这个梦想，你就需要考博。只有你的学历是博士，才能达成"大学教授"这个目标。于是，为了站在这个高起点上，你必须自律去考博。在这个过程中，你的实力就已经比其他本科学生要强很多了。

不仅个体想要达成目标，需要一个高起点。身为企业管理者，想要达成目标，让自己的每一个决策能够有效实现，同样需要设立一个高起点。

携程网的创始人梁建章，在创办携程网之前一直在美国的ORACLE（甲骨文）公司工作。有一次，梁建章回国探亲，国内悄然兴起的互联网，使他萌生了创办公司的梦想。此时他在甲骨文公司研发部担任技术工作，尽管研发部门的地位和待遇都很好，但对于创办公司需要的管理经验，他却是一片空白。此时，他要创业的话，管理经验上可以说是零起点。

梁建章清楚地知道，只有在积累丰富管理经验的基础上，才能办好一家企业。于是他向总部发提出调职申请，他申请从研发部门转到客户服务部门，也就是从技术转型到管理，于是很快他就出任 ORACLE 中国区咨询总监。

在这个职位上，梁建章有机会参与多家大型企业管理系统的建设，并在此过程中积极观察和思考，总结出了很多管理经验。两年过去了，梁建章把中国区的管理工作做得非常好，他也积累了丰富的管理经验。此时的他已经站在一个很高的起点上，如果继续做下去，他会把 ORACLE 中国区发展得更大，而如果去创业，他也完全可以驾驭一个公司，因为他的管理能力已经帮他实现了目标的一部分。

梁建章最终选择了创业，他创办了携程旅行网。因为之前他已为创业做好了充分准备，所以携程网从创建那一天起，就一直蓬勃发展着。一般初创企业总会出现的一些错误的现象，在携程公司却从未出现。梁建章说："如果直接回来可能会犯错。"因为起点低，既无经验也无能力，所以错误在所难免。但由于通过积累有了管理经验，起点高了，自然就能避免很多错误，从而顺利地实现目标。

梁建章的成功再次证明吉格勒定理是正确的——起点高，才能至高！由此证明，幽默故事中那个青年人寻找名师的思路是对的。但那个青年人犯了一个错，他以为起点建立在外部因素上，以为找到了一位幽默大师，自己就能成为幽默大师。站在巨人的肩膀上能够看得更远是没错的，但前提是一定要有能够站在巨人肩膀上的能力。那个青年人腹内空空无半点墨，甚至分不清幽默是出自思想的输出，还是出自肉体的体验，即使幽默大师想要教他，也无从教起。

可见，想要获得成功，首先，要有一个高远的目标，其次，还要有一个高的起点。这世上没有注定成功的人，都是那些设定了伟大目标，并努力提高自己起点的人，才会走向成功。最后，还要有真才实学，只有具备这三个条件，你才能将梦想变为现实。

👍 日常应用

高远的目标很重要，高起点也很重要。那么，怎么样才能设定出高远的目标，又怎样做到从高起点出发呢？

1. 理性判断

想要设定一个正确的目标，理性很关键。在设定目标前，详细了解所要进入的领域，才能做到心中有数，只有心中有数，才能做出理性判断。

2. 立足高远

规划目标时，一定要纵览全局，只有这样，才能拥有与众不同的眼界，从而立足高远，制订出一个高远的目标。

冒进现象：如果早知道

阿德勒一直在寻找爱情。在 27 岁那年，他爱上来自俄国的美丽姑娘蒂诺加瓦娜，并深信她就是能带给他幸福生活的人。尽管女孩特立独行的个性让他有点苦恼，但最终他们还是举行了婚礼。

朋友写信问他婚后生活怎么样。

阿德勒幽默地回复："我感觉自己白白浪费了 27 年的时光。如果早知道婚姻生活如此，那我在牙牙学语的时候就会结婚，而不是把时间都荒废在不停地寻找知心爱人身上。"

🎙 趣味点评

显而易见，一直寻求爱情的阿德勒婚后生活并不快乐，所以他打趣与其这样还不如早点结婚。抛开幽默诙谐不说，阿德勒这种完全不顾人类自身特性的想法，是非常冒进的。

在管理学中，"冒进"指的就是在超过具体条件和实际情况的可能性下，把工作开始得过早的现象。在企业管理决策中，经常出现这种工作进行得过早或过迟的现象，管理学家称之为"冒进现象"。

♟ 管理学解读

在这个节奏加快的时代，生活中无处不充斥着冒进现象。比如，平日里大吃大喝，身体发胖，一旦发誓要减肥，就恨不得一天就把肥肉甩掉，于是拼命节食，完全不顾身体机能的承受能力；大学生们在学校不好好学习，每天除了打游戏就是刷剧，一旦要考试，为了不挂科，赶紧昼夜不眠地恶补，完全忽略知识是需要日积月累的；公司日常管理中不善待员工，等到项目催得紧，要员工们加班加点，完全不顾员工们的抱怨情绪……这些都属于冒进行为。

冒进行为的含义是：忽略实际情况，在不具备条件的情况下盲目加快工作。像过度节食减肥，就是忽略了肥胖的实际情况而采取的一种冒进行为。肥胖有多种原因，有的是长期的饮食无节制，有的是长期缺乏运动，应根据实际情况做出合理的减肥计划，而不是一刀切，用断绝摄入必需食物的方式以期达到快速减肥的目标，像这种忽略实际情况的冒进行为是注定要失败的。

在个人生活中，冒进行为尚不可取，在管理工作中，冒进行为更是要不得，它往往会造成适得其反的结果。

经常有一些企业管理者在制定决策时出现冒进行为，而盲目的冒进不但未能给企业带来发展，反而会引来灭顶之灾，比如乐视、ofo 等。这些公司的管理者急于把公司这块饼摊大，完全忽略了公司发展的规律，拼命融资、拼命扩张，盲目冒进，造成资金链断裂，最后使公司陷入万劫不复之地。

这些惨痛的案例告诉我们：在管理工作中，一定要谨慎行事，千万不能盲目冒进，一旦有了冒进行为就要马上制止，如果不加以制止，就会给我们的工作带来恶果。

那么，是不是"冒进"就一定不好呢？在瞬息万变的互联网时代，如果不冒进一点，不大胆一点，机会会不会就被其他人抢走了呢？事实的确如此，那些抢到机会的人都是看起来冒进的人，但他们这种"冒进行为"的背后，是大胆，更是心细。也就是说，细心谨慎、三思而后行的"冒进行为"是可取的。

潍柴公司总书记谭旭光，是公司管理层一把手，他接任潍柴管理者职位时，潍柴正处于濒临破产的边缘，债务高达 3.6 亿元，连续六个月没有发工资，实际情况很糟糕。谭旭光意识到，必须要做出冒进行为大胆改革公司，才能挽救公司，但他的"冒进行为"并不是盲目地做出决策。

他首先做出修改管理层的决策，大刀阔斧地把在其位不谋其职的领导们全部辞掉，任命有工作热情且有管理才能的新人。随后他又大胆进行了产权改革，将高速业务和中速业务剥离，让它们向各自领域深耕。

动管理层就意味着要动很多人的蛋糕；分离公司业务，就意味着公司有可能分裂。谭旭光这种做法颇有破釜沉舟的意味，实属危险的冒进行为。随后他收购湘火炬，更是让人看到了他的冒进行为。

2005 年，湘火炬被拍卖，有人出 6 亿，有人出 8 亿，谭旭光给出了 10 亿元的收购价格。报价一出，引起轰动，很多人都说他是个疯子，这种冒进行为根本不是交易，而是搅局。所有关心他的人都为他捏了一把汗。但谭旭光却很镇定，他说："我做这些决策，都是经过认真思考，反复衡量，可以说是大胆的，更是果断和科学的。"

谭旭光并不在意别人的看法，因为看似"冒进行为"的背后是他的深思熟虑。他早就看到湘火炬和潍柴结合就能打造出"潍柴发动机＋法士特变速箱＋汉德车桥＋陕汽重卡的重型卡车"的黄金产业链。后来，这条黄金产业链彻底改变了我国的被动局面，重构了中国重卡行业的市场格局。

从这个案例可以看出，冒进行为并不是一无是处的，它是一柄双刃剑，愚钝的人不懂得事物发展规律，盲目做出决策，就会被它刺伤，甚至殒命；而聪明的人审时度势、深思熟虑，做出的决策看似大胆实则心细，并且善于抓住机会迅速跟进，从而成就自己，走向辉煌。

在管理工作中，我们在没有十足把握的情况下，要避免冒进行为左右我们的决策，要在有十足把握的前提下再去冒险。

👍 日常应用

在实际管理工作中，我们要如何避免冒进行为，以免造成适得其反的结果呢？

1. 对自身能力有正确评估

盲目冒进，往往是在我们具备一定能力，却又夸大能力而造成的。总以为我们的能力能够掌控局面，所以会去冒险，但事实上因为能力不足，往往惨遭失败。我们一定要对自身的能力做出一个正确评估定位，然后再做出决策。

2. 切莫低估事情的复杂性

还有一种情况容易让我们冒险失败，那就是低估了事情的复杂程度。把事情看得过于简单，就会把"石头"看成"鸡蛋"，鸡蛋碰鸡蛋，会有胜算，但如果鸡蛋碰石头，就注定要失败。

杜嘉法则：不怕身先士卒，就怕死而后已

国内某专家率领团队研究原子弹，期间要做很多化学实验。每次这位专家都尽量自己动手，他总是说要"身先士卒"。

有一次，专家带着助理和几个学生做实验。为了培养他们的动手能力，专家便要学生来做，可学生们都不敢上前。

于是专家要助理点火，让他没想到的是，助理也摇头拒绝。

"为什么？"

助理说："您之前不是一直说'身先士卒'这句话吗？"

"对啊！既然你知道，就应该做到，像我每次那样！"

助理回答："其实我也能像您每次那样，但我怕后半句……"

同学们笑着齐声说："身先士卒，死而后已！"

🎙 趣味点评

作为一个项目负责人，专家懂得敢为人先，以身作则的道理，所以他总是亲力亲为。在一个企业中，管理者想要让下属服从指令，就需要"以身作则"，因为"观望"是员工们的普遍心理。

你的下属一看你的行动，便明白你对他们的要求，美国全国疾病研究中心教授 L. 杜嘉根据这种心理现象总结出的管理学法则，称之为"杜嘉法则"。

♟ 管理学解读

"杜嘉法则"指的是员工们对管理者始终都处于一个观望的状态，他们以管理者为风向标，同一个项目，管理者持积极乐观的态度，那么员工们也会积极乐观地面对；如果管理者悲观消极，那么员工也就不会全力以赴地投入工作。

就像幽默故事中的"学生们"，因为专家没有先点火，所以他们不确定点完火后会面临怎样的情况，也就不愿意积极主动地去点火。专家身为这个团队的管理者，自然明白学生们的心理，所以才会安排他的助手去做这件事情。这则幽默故事阐明了管理者在团队中起带头作用的重要性。

身为管理者，必然要做很多决策，而每一条决策是否能落到实处，就要看员工的执行情况，只有充满活力的员工队伍才能具备较强的执行力度。而怎样激发员工的活力，关键在于管理者。无数的案例证明：只有敢为人先的管理者才能启动员工的活力。

华为的任正非就是这样一个敢为人先并最大限度启动员工活力的管理者。这种敢为人先的举动，在任正非身为华为管理者的这些年中一直有所体现，大到公司做芯片的决策中，小到沟通和安抚员工的日常工作里，都能看到他所起的带头作用。

2017年，华为的一名员工在工作中发现某部门的业务数据代码有问题，而导致这种问题的原因有两种：一是有员工抄袭别人的代码，二是数据代码外泄。无论哪一种问题都会牵连到其他员工的工作。

一般而言，员工看到这种情况，或者就不作声，或者悄悄找到领导汇报，以避免自己遭到报复。但这位员工非常耿直，他当即在公司的内部网站上进行了实名举报。他这样做不要紧，该部门的领导，乃至该部门上面更高级别的领导都坐不住了。毕竟这个问题出现在他们部门，这可是很丢脸的一件事情，甚至会影响到他们的前程。大家都说这个员工要倒霉了，一定会被领导们报复的。

所有的员工都在为这名举报的员工捏把汗，不知道管理者会怎样处置他，同时也都在心里嘀咕，要是自己摊上这事儿会怎么办？是举报，还是往上汇报，抑或是装作视而不见？一时间，公司的气氛紧张起来。

但管理者还没有出手，任正非已经先出手了。他公开发文力挺这名员工，夸赞他指出错误是一件正确的事情，值得表扬，为了嘉奖他，任正非不但给他连升两级的职位，还为他提供了华为上海研究所的新岗位。同时，任正非还钦点华为的一位管理者专门保护这名员工不受到打击报复。

任正非在所有人做出反应之前就做出表扬员工和为他升职的举动，对整个华为都起到了表率作用，他让华为所有人都明白了一个道理：公司欢迎正直和坦诚的人。他也让所有员工都知道，公司就是要爱护和奖励敢讲真话的员工。

那之后，华为管理者们便根据这条准则去处理其他同类型的事情，而员工们则会根据这条准则去说出真话，他们也会更听从管理层的指令，因为他们相信，公司最大的领导都从自我做起，爱护敢于说真话的员工，其他管理者必定也都会以此为榜样，那么他们就没有理由不积极工作，真诚对待公司。

在一个团队里，管理者既是决策者，也是被学习的榜样。以身作则，敢为人先的潜台词就是：成为下属的榜样！

我们从上小学的时候就已经知道"学榜样容易，做榜样难。"因为榜样意味着我们必须要时时刻刻方方面面都要提升自己，让自己始终保持在一个优秀的状态。火车跑得快，全靠车头带！管理者优秀了，也就等于告诉员工：你们也要优秀起来！那么，员工自然也不敢懈怠，会去努力提升自己。

王石担任万科的管理者时，就被万科的员工们视为榜样，他们也都纷纷向王石学习，积极地投身到工作中。甚至后来在地产界都流行起这样一句口头禅：学习万科好榜样。这个"好榜样"，指的就是王石精神。

那么，王石是怎样做的呢？

王石坚持自己的原则，坚持公司不行贿。对他来说，这条原则是对外部的合作伙伴而言的，但公司员工们也都以此为榜样，而使公司上下保持一片清廉。尽管工作忙碌，但他生活自律，依然坚持登山运动，甚至登上了珠穆朗玛峰。在他的带动下，万科的员工们始终保持着积极生活、热爱生活的面貌；他坚持学习，在百忙之中依然不忘抽出时间去哈佛求学，以丰富自己的管理经验，员工们也受到带动，在工作中做到多检讨、多学习。

王石在各方面都始终保持着优秀，员工们心里自然就会萌生出"老板如此优秀，我们也必须要优秀才行"的念头。当每一个员工都变得优秀起来时，这支团队就是一支所向披靡、战无不胜的团队。万科也因此成为中国房地产商中的龙头老大。

"下属一看你的行动，就知道你的要求。"当你身为管理者时，一定要谨记杜嘉法则，内心永远要明白：你做出怎样的表率，员工们自然就会跟上来，与你一起做出同样的行动。

👍 日常应用

想让员工优秀起来，你自己要先优秀起来。那么怎样做一个优秀的管理者呢？

1. 做一个品德优良的人

要从勇气、诚实、道义、能力等方面着手，时刻提醒自己做一个有勇气、讲道义、诚实有信、可靠的人。只要做到这几点，你的人格魅力就足以让员工为你折服，并向你学习。

2. 保持积极乐观的态度

要做一个乐观向上的人，做一个对工作充满热情的人。千万不要让自己陷入悲观消极的情绪中，那样的话，会影响到员工们的情绪，让他们无以适从，努力工作也就无从谈起。

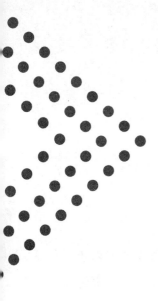

第七章　执行篇

执行有标准，结果不走样

格瑞斯特定理：不能喝汤

卓别林在瑞士居住的时候，去一家五星级餐厅用餐。这家酒店以汤色美味、服务良好著称。他点了瑞士著名的烤粉汤。不一会儿，侍者就送上汤来。

卓别林仔细看了一眼汤后，说："我不能喝这个汤。"

"不好意思，先生，我重新给您换一种。"侍者道完歉，换了份牛肉汤。

卓别林仔细看了一下餐盘，又说道："我不能喝这个汤。"

侍者慌忙把此事告诉了经理。经理走过来非常谦恭地问卓别林："先生，您到底要喝什么汤？"

卓别林双手一摊："没有汤匙，所以我不能喝汤。"

🎙 趣味点评

去一流的餐厅，喝美味的汤，享受一流的服务。在餐厅，厨师做出最美味的汤，侍者把汤送到卓别林面前，一个完美的项目也因此达成，接下来就是项目执行（享用美食）。谁知侍者忘记送汤匙，再美味的汤也无法喝到嘴里，目标也无法实现。管理学中的"格瑞斯特定理"告诉我们："杰出的策略必须加上杰出的执行，才能奏效。反之，则为零。"侍者的做法正好生动地成为这条理论的反面教材。

♟ 管理学解读

"格瑞斯特定理"的建立者是美国企业家 H. 格瑞斯特，他在管理企业发展的过程中，发现很多决策非常完美，但因为执行力度不够而导致决策无法实现。而另一些并不比这些决策完美的项目，却因为执行力度够强，而实现了超出预期的结果。格瑞斯特根据这些案例总结出这条理论。后来，这条理论被管理者们视为宝典。

在古代，有很多完美计划因为执行力度不够而被迫流产的案例，比如"马谡失街亭"。

当时，诸葛亮率领蜀军去祁山北伐，在和魏军对阵中，街亭是一个很重要的关卡，守住，蜀军便能打胜仗，守不住，蜀军便会失去据点。诸葛亮把这个重要的地方交给了马谡。

马谡领命而去，临出发前，诸葛亮吩咐他说："一定要选择有水源的地方建筑城池，切勿在山上驻扎。"但马谡并没有听从诸葛亮的叮嘱，而是擅自把队伍驻扎在山上。魏军的将领张郃率领队伍来到后，便在山下扎营，将马谡和他的队伍包围起来。马谡多次出兵都未能攻下山，又取不到水，士兵们又渴又累，极度倦乏。张郃趁机率军围剿，将马谡的部队打得落花流水，最终街亭失守，蜀军也因此失去了一个至关重要的据点。

诸葛亮的策略是非常完美的，只要这个策略成功落实，蜀军就能胜出。但因为马谡的执行力不够，没有执行这份策略，在离成功只有一步之遥的时候，诸葛亮和蜀军却不得不非常无奈地接受失败的事实，而马谡也因为执行力不够而必须接受失败的惩罚。

员工如果缺乏执行力，项目就无法落实，决策就会流产，导致整个团队最后不得不承担由此造成的一切后果。就像幽默故事中的"侍者"，作为餐厅里的一名员工，由于没有执行力，餐厅精心烹饪的美食也就无法让顾客享用，而且换了份汤仍达不到顾客的满意，由此给餐厅造成了损失；同理，马谡作为蜀军中的一员，因为他的执行力不够杰出，蜀军整个团队也就都得承担失败的后果。

团队中有这样的员工，是管理者最苦恼的事情。毕竟不是每一个客户都能像卓别林那样耐心等待和提醒。互联网时代，信息高度发达，竞争对手如云，客户一旦发现你的执行力不够，就会马上更换合作伙伴，绝对不会给你提供第二次机会。

管理者为了避免自己遭遇诸葛亮经历过的苦恼，必须要对团队成员进行督促，对项目要做跟进。如果诸葛亮安排好后，一直密切关注马谡的举动，直到他完全准确地执行了自己的策略，那么也就不会发生"失街亭挥泪斩马谡"的千古憾事。管理者在监督员工执行力的同时，也切莫忽略了自己和整个团队的执行力。员工缺失了执行力，错误尚可挽回，倘若管理者和整个团队缺失了执行力，那整个企业就能在商海遭遇滑铁卢。这可并非危言耸听。

美国的西尔斯公司曾经是零售业巨头，有"百货公司鼻祖"的美誉。仔细看西尔斯的历史会发现，它之所以能够发展成零售巨头，是因为传统时代的历任管理者都有杰出的执行力。西尔斯于美国铁路时代诞生，当时的信息极其不发达，人们都靠邮局传递信息。西尔斯发现这一点后做出"目录邮购零售"的策略，并马上执行，很快，西尔斯公司的邮购目录就突破地域局限抵达广大农村，因为这一举动，西尔斯吸引了美国众多的农村用户。

到了汽车社会，货物已经能够运输到乡下，百姓们不再需要目录邮购，而是在在家门口就能买到东西。西尔斯的管理者于是做出在各地开百货商店的策略。他们没有犹豫和拖延，一旦做出这个决定就马上诉诸行动，与此同时，其他公司也纷纷修建百货公司。因为之前很多人已经通过目录邮购知道了西尔斯公司，所以在众多的百货商店中，他们更加认可西尔斯。西尔斯因为杰出的策略加上果断的执行力，一举创办了四千多家门店，从此走上了企业发展的巅峰。

进入互联网时代后，西尔斯的管理层换成了爱德华·兰伯特为CEO，新的管理者带领西尔斯团队继续前行。但是，在兰伯特的管理带领下，西尔斯不但没有继续发展，反而出现断崖式滑落，业绩越来越差。

兰伯特在破产宣讲中说，自己其实已经预见到电商是零售业的未来，却因为公司的连年亏损和巨大的养老金支付导致资金链紧张，致使他做出裁员和升级门店的策略。但在资金短缺的情况下，管理层只执行了"裁员"的决策，却没有把"升级门店"的构想付诸实现，这也是导致西尔斯公司最终宣告破产的主要原因。

西尔斯公司的发展和演变成为后来很多企业管理者分析的经典案例，但大家都是从新零售和线上线下的角度去分析，得出"兰伯特只从线下的裁员入手，而没有跟上时代潮流"的结论，却忽略了他有升级门店，发展线上的构想，却最终因为执行力不够而导致该构想流产的事实。

西尔斯的教训，对于管理者来说具有非常深刻的启迪意义。它告诉我们：

在管理工作中，无论有多么杰出的策略，只要没有执行到位，一切都等于零。一分部署，九分落实，只有把战略目标任务落到实处，项目才能成功实现。

👍 日常应用

对于很多有拖延症的人来说，往往执行力不够。那么，怎样才能培养起员工和团队的执行力呢？

1.把策略转化为思想和行动

在做出一个战略目标之后，要第一时间对员工做思想工作，把目标任务转化为思想，只有根植进思想里，才能在行动上有所自觉，行动自觉了，执行力自然也就增强了。

2.杜绝任务打折扣现象

在执行任务的过程中，员工经常会把任务简单化、折扣化，就像那个"侍者只端餐却忘记拿汤匙"一样。

为了避免这种打折扣现象，就一定要加强对员工执行力的监督，以此确保员工的执行力能够落实到位。

洛伯定理：如果上帝没意见，我当然不反对

美国总统福特去特战队暗查军容，看到军营乱成一锅粥。

"要好好教训一下这里的负责人了！"福特心想。

气愤不已的福特走进指挥官办公室，看到特战队的副指挥官正忙着写报告。

副指挥官说："指挥官去世了，我现在正要向您写报告。"

福特训斥说："上帝带走了指挥官，但没带走你啊！你身为副指挥官，不先管理好士兵，却忙着写报告！"

副指挥官说："请求总统让我来取代指挥官……"

福特板着脸打断他的话："如果上帝没意见，我当然不反对！"

🎙 趣味点评

指挥官的命令，士兵们应该无条件遵守，但如果只是让下属一味地听指挥官的，而不是把责任落在他们的肩上，那么一旦指挥官出了状况，士兵们就不知道该听谁的，也就会陷入纷乱不堪的糟糕局面。美国管理学家针对这种现象提出了"洛伯定理"：让你的下属成为有工作责任感的人。

♟ 管理学解读

"对于一个管理者来说，最重要的不是你在场时的情况，而是你不

在场时发生了什么!"美国管理学家洛伯说这话时,也正是他的众多企业管理者客户面对越来越差的团队苦恼之时。洛伯的这句话宛如一盏明灯,为这些苦恼的管理者照亮了打造一支高效优秀团队的前路,也让后来者大受裨益。

洛伯认为,管理者在场的时候,员工们都很优秀,听管理者的调度,积极地去执行管理者的规定。这当然很重要,这说明员工们在管理者的领导下把执行力发挥到极致,只要管理者优秀,那么团队自然就差不了。

可同一个管理者,同一批员工,都很优秀,却为什么会越来越差呢?既然管理者在场的时候没问题,那么问题肯定出在管理者不在场的时候。这时,管理者需要观察,员工们是否在自己不在场的时候依然一如既往地将执行力发挥到极致。倘若答案是肯定的,那团队肯定不会出现越来越差的现象,倘若答案是否定的,那么,问题的症结也就找到了。

假如员工只是一个个的机器人,完全听从管理者的安排,那么当管理者不在场时,这些员工也就失去了方向,不知道该往哪个方向发力。这样的情形在管理者能力差的团队并不常见,反而是在事无巨细,凡事都亲力亲为的管理者团队里经常看到。

小陈是一家私企的市场部主管,他每天率领下属努力开拓市场,企业的业务因此发展非常好。每次领导表扬他们,市场部的员工们都异口同声地说"是主管带领得好"。这一点在整个企业里都是公认的,小陈一直对员工都照顾有加,无论什么事情都是他亲自上阵,如市场调研、项目策略、活动安排等工作环节,每次小陈都冲在最前面,员工们只是起一个辅助作用。这样的管理者深受员工们的喜爱,市场部中这个团队氛围一直很好。但小陈很快却发现了问题。

该企业因为一直在本市发展,所以市场部也从未出过市区。但随着企业壮大,有了扩张策略,市场部就需要去外省调研。按照一贯的作风，小陈自然是要亲自去外省调研。可一个星期后，小陈回到公司，他发现在自己走后的这段时间里，员工们竟然什么都没有做，他的办公桌上却堆满了各种文件。该启动的项目没有启动，该跟进的项目没有跟进，甚至连每天的例会都没有开过一次，整个市场部处于瘫痪状态。小陈简直难以相信，这怎么会是那支让自己一直引以为傲的团队？

小陈问起员工们这个问题。谁知大家异口同声地说："领导，这不是我们的错。很多工作都是你来做决定，你不在，我们即使做了，也不能确定自己做得对不对，而是要等你回来检查。万一做错了呢？所以我们索性先不做，等你回来指挥我们的时候，我们再做。"

小陈被这样的解释弄得哭笑不得。他这才意识到，日常工作中自己参与了下属的整个工作过程，并时刻叮嘱下属们按照自己的想法去做，这才导致很多员工没有自己的想法和主张，以至于员工只是听从领导安排。久而久之，团队就失去了创新力，完全依赖于领导者，结果就只有一个：领导在，团队工作效率过百；领导不在，团队效率为零。

小陈之所以会面临这样的状况，就是因为他不懂得洛伯定理的缘故。他和幽默故事中那个死去的"指挥官"一样，什么事情都让下属只听自己的指令，一旦自己不存在，下属们就无所适从。倘若他懂得洛伯定理，就会培养员工们的独立思考能力和责任心，而不是培养一个个没有思想和责任心的傀儡。

所以，想让员工在有没有管理者的场合都始终如一地优秀工作，不是靠管理者的指令和时时刻刻的亲力亲为，而是靠员工对工作的责任心。有了责任心，员工就清楚自己的方向，无论管理者在不在场，他们都会坚持不懈地向那个方向行走。在这一点上，海底捞的管理者张勇就做得非常好。

张勇创立海底捞品牌的同时，也创建了一套管理制度，那就是店长师徒制和家文化。师徒制是让员工带员工，徒弟的业绩好，师父也会有提成，这样的制度就会让师父很有责任心，知道怎样教导徒弟去做才能让企业发展得更好。所有员工都像一个家里的兄弟姐妹一样亲密，让他们的心与企业联系在一起。

这种管理办法无论是从经济上，还是从文化上，都把员工和企业紧紧联系在一起，让他们产生了强烈的责任心。只要员工有了责任感，那么即使管理者不在场，他们也知道该怎么去做。只有这样，才能打造出一支真正优秀的团队，而这也正是洛伯制定洛伯定理时，想要让管理者们实现的目标。

👍 日常应用

培养员工的责任感是一件很重要的事情。但让员工心里产生自己是"企业主人"的思想，却是一件不容易的事情。我们可以试着这样去做：

1. 给员工安全感

管理者与其把时间和精力用在对每项工作的亲力亲为上，还不如把精力用在员工身上，从精神上、生活上去多多关心他们，让他们的心安稳下来，心安稳了，有了安全感，就会对团队产生责任和忠诚。

2. 工资到位

某位著名的企业家说，员工离职，无非两个原因：一是工资不到位，二是做得不开心。让员工有安全感就能让他开心工作，而工资到位了，就能让员工专心工作，为了更好的薪酬，他们也会更加努力提升自己的能力，团队也就会愈发优秀。

吉德林法则：走国民路线的福特

有一次，总统福特在加州某酒店前面的广场上开演讲大会，大会主要针对民间百姓反对总统当局的问题展开。

民众嫌福特表现平庸，没有政治魅力，因此对他非常不满。当福特一走上演讲台，下面就一片嘘声，气氛非常尴尬。

福特笑着说："谢谢大家给我这个机会来和大家做亲密的沟通。请各位先生和女士记住，我是福特，不是林肯。福特和林肯都是汽车品牌，但林肯车走高级车路线，而福特车走国民车路线，所以福特永远和你们在一起。"

🎙 趣味点评

作为一名总统，福特被民众反对，这是他政治生涯上的最大难题。然而福特并没有被困难吓到，而是在找出问题后巧妙地解答问题。他以幽默的比喻将自己和民众的关系紧密联系在一起，让民众再也无法反驳他。

无论你做的是公司哪个管理层，都会遇到难题。解决难题最有效的办法，就是像福特那样先把难题找出来，认清它，然后再分析它，解答它，才能解决问题。而这就是管理学中的"吉德林法则"。

♟ 管理学解读

"吉德林法则"是美国通用汽车公司管理顾问查尔斯·吉德林提出来的，他提出这条理论的目的，就是想要告诉人们：只有先认清楚问题，才能很好地解决问题。现在网络上流传一句话说"百因必有果"，反过来也就是说，有结果就必定有原因，这世上没有解决不了的问题，只有不愿意找出的原因。

这几年一直传得沸沸扬扬的电饭煲，大家应该都还记得吧？在此之前，咱们都知道电饭煲本身是一款极其普通的大众产品，家家户户都有，一般而言，商家是无法在这个领域开辟出新市场的。但用户普遍反映电饭煲做出来的米饭不如土灶的米饭好吃，平常人大都会觉得这只是一个怀旧的信息，因此很多商家都没有注意到这一点，但日本三菱电机股份有限公司的管理者却发现了这其中蕴藏着的商机。

他们立志找出"大众百姓对传统土灶米饭最喜欢"这个现象的原因，得到结果并根据结果研发新的产品，解决大众百姓的需求问题，从而开拓出一个广阔的市场。经过一番调研工作后，管理者们发现，大众反映电饭煲做饭不如土灶做饭好吃的原因是"口感"。

找到了问题的症结，就能找到解决问题的办法。吉德林这话一点不假。三菱电机集团的管理者们把设计"土灶饭的口感"列为电饭煲的主要功能，并力争把它做到极致。为了做出与土灶相同口感的米饭，三菱电机集团的管理者们遍访日本各地老建筑与高级日料的土灶，彻底分析其构造及火势，同时将土灶烹制米饭的软硬、水分等数据化，并把这些数据应用到电饭煲的制作中去。

他们经过无数次的试验，研发出了"本炭釜"内胆电饭煲。这种电饭煲能再现"土灶"米饭的口感，使米饭口感达到人们期望。三菱电机集团管理者通过分析问题的原因，从而找到了解决问题的办法，最终开拓出一个全新的市场。

无论是通过幽默故事中"福特的反应",还是上文中三菱电机集团管理者对问题原因的细致查找,我们都不难发现,想要找到问题的症结,一定要在发现问题的时候,就把它出现的原因分析透彻。如果在没考虑到全部因素之前,就去找问题的症结,找出来的症结有可能就是偏颇的、有失公允的。而这也会误导我们制订解决问题的办法。

小刘加盟了一家连锁餐饮店,并招聘了七八名员工组成一个团队。经过紧锣密鼓的装修,餐饮店开业了。因为连锁店的名声,所以刚开始有大量客人来用餐,生意看起来还很不错。可没过多久,掌厨师傅就告诉小刘,他们做出来的饭菜和连锁店一贯的口感存在差异,最好是能花钱送他去进修。小刘觉得这名员工越权了,加上店里生意挺火爆,就把这名员工批评了一顿,也没有答应他去进修的事情。过了几天,掌厨的员工就辞职了。

不久,在小刘店不远处开起了同样一家连锁品牌店,店里的管理者便是辞职的掌厨师傅。原来掌厨师傅辞职后又去总店培训了一番,这才回来单干。自从他开了那家店后,小刘店里的生意就一落千丈。

小刘开始怨恨起那名掌厨来,觉得是他引来的竞争,才让自己的饭店生意下滑的。然而,他并没有把店里生意下滑这一问题的症结找到,他单纯地以为是同行竞争带来的恶果,却没有想到,早在掌厨辞职之前,客人们就已经反映菜的口感不太好。客人们开始是因为品牌连锁的口感体验才来的,但来过多次后,都体验不到那种美妙的口感,自然也就放弃了这家店。这才是小刘店铺生意下滑的真正原因。

身为一名管理者,小刘如果在掌厨离职之前就清清楚楚地分析这个问题的症结,并做出"送掌厨师傅去深造培训"的解决办法的话,掌厨师傅也不会离开小刘的店自己去单干。没有了竞争商,又有和总店一样的菜品口感体验,小刘的店肯定能吸引并留住客人。由此可见,把问题清清楚楚地了解透彻,是一件多么重要的事情。

人都是生活在社会属性中的,有着各种各样的身份,也会面临各种各样的问题。面对这些问题，有些人选择逃避，有些人选择主动出击。对于个人来说，逃避也许能让人内心轻松。如果无伤大雅，偶尔逃避一下也不是不可以。但对于管理者来说，逃避却是万万不可取，除了主动出击想办法解决问题之外，别无他法。

要注意的是，在主动出击之前，一定要把问题的症结分析清楚，因为分析清楚问题产生的原因，也就等于把问题解决了一半。而剩下的另一半问题也会因为你之前的知识积累而迎刃而解，从而把问题解决得非常完美。

👍 日常应用

当我们在自己管理团队时遇到问题，逃避是不现实的，只有付诸行动，努力找到问题的症结所在，才能找到解决问题的办法。那么，如何抓住问题的症结呢？

1. 界定问题

界定问题是解决问题的前提。对问题进行界定，就是要弄清问题到底是什么，就像射箭要找准靶心一样，只有瞄准靶心才能有的放矢，否则就是眉毛胡子一把抓，会把事情做成一盘散沙。

2. 学习别人的做法

如要推出新式录音机该怎么做？假如本身缺乏这方面的经验，若完全靠自己的构思，不仅浪费时间，还会出错。经营录音机的公司总有好几家，它们是消息的最好来源。但不能依样画葫芦，而是利用先进的既有经验来发挥自己的构思。不论面临什么问题，都要看看人家是怎么解决问题的，然后再加以改善。

布利斯原则：反正我戴着手套

著名画家凡·高画了一幅油画，想请高更鉴赏把关。

凡·高再三嘱咐："油画还没有干，你一定不要碰它。"高更一眼就被油画迷住了，他全神贯注地观摩油画，根本就没有把凡·高的话听进去。

看得入神处，高更情不自禁地伸手摸了一下油画。凡·高生气地大喊起来："当心！当心！难道您看不出油画还没有干吗？"

"啊？!"高更举起手，答道，"没关系，反正我戴着手套。"

🎙 趣味点评

凡·高授权高更去鉴赏他的油画，却又不允许他触碰画面，高更由于完全投入地去欣赏，而导致油画被毁。如果凡·高等油画干了再请高更来欣赏，就可以让他尽情鉴赏，也就不会出现这个错误了。

很多管理者也经常犯这样的错误：吩咐员工去办事情，但却又有一些权力没有授予给他，员工无权做主，导致最后事情无法顺利进行。针对这一现象，美国管理学家艾德·布利斯提出了"管理者授权他人办事时，要交付给他人足够的权力"这条法则，管理学中称之为"布利斯原则"。

♟ 管理学解读

"布利斯法则"又被称为"授权法则"，它一针见血地点出"授权"的重要性。权，是权力，是可以拍板决定某些主张的支配力。每个管理者都拥有支配力，也正是凭着这些支配力去调度团队员工。但管理者不能事事亲为，想要把自己从日常烦琐的管理工作中解脱出来，想要把员工的参与积极性调动起来，就需要管理者把这些支配力下放授权给员工。

前文曾经提到特斯拉汽车的 CEO 埃隆·马斯克，他就是一个事事都亲力亲为的管理者，之所以这样，是因为他拒绝交付给员工足够的权力。当员工在进行某项工作时，他要把关每一个程序，直到他确认没问题了才能进行下一步，员工无法自行做主。虽然这样能确保项目按照马斯克的想法一直进行下去，但却会严重占据他的大量时间。每个星期，马斯克的员工仅仅工作五六十个小时，但他却要工作超过 100 小时，这便是"不交付给他人足够权力"的代价。

马斯克是一个工作狂，对未来的探索给予他极大的热忱，这也是他超长工作的力量源泉，有了这份力量的支撑，马斯克才会在不下放权力的情况下依然能把项目做得很好。但有些管理者虽说也像马斯克这样不下放权力，可又不具备对工作发自内心的热忱而无力量支撑，最终只得把项目搞得一团糟。

2018 年春天，某出版峰会论坛召开，论坛的主题是"行业探讨和项目合作"，要求有拍板权的管理者们参加，主办方再三重申，如果不具备拍板权的就不要参加了。根据这个要求，参加峰会的都是文化公司的负责人，唯有一家初创文化公司因为负责人没有空，于是派他的助理来。

助理的业务能力很强，而且是该领域的专业人士，他的言谈吸引了很多管理者的注意。在项目合作过程中，好几家文化公司都想和这家公司合作，但每谈到一个项目，这个助理都要给公司负责人打电话汇报，等待负责人评估再决定是否通过。

电话汇报后，负责人对该领域并不熟悉，也没有纵览全盘的能力，于是他又不得找人评估，一来二去地耽误了很多时间，直到峰会结束，助理也没有完成一个项目的意向合同书。那些有意合作的用户见此情景纷纷转投其他合作方，最终和其他方达成合作。这家文化公司因为负责人的权力没有下放到位而丢失了好几个项目。

助理后来说，这几个项目相当于该公司半年的业务，就这样眼巴巴地错失了，这对初创公司的发展来说是一件非常糟糕的事情。经过这件事后，助理心灰意冷，没多久就辞职了。该公司的管理者因为权力下放不到位，不仅失去了项目合作机会，还流失了人才。对公司来说是两大损失。

当然，权力也不是随便下放的，需要有条件制约。就像幽默故事中的凡·高一样，他要把鉴赏油画的全部权力（看、摸）下放给高更，有一个条件，那就是油画必须已经干透，只有满足了这个条件，高更才不会因为太入迷而破坏到油画。

某实体企业老板看到互联网科技的火爆，感到实体运作越来越艰难，便做出把实体企业转变成互联网科技企业的决策。因为他对互联网科技公司的管理一窍不通，于是便花高薪聘请了一位互联网科技行业的专业人士来做公司的主管。

其间，公司老板不再过问公司的日常经营事务，也就是说，他把管理权全部下放给了那位聘请来的主管。由于他太过相信这位主管的能力，完全忽略掉自己的公司是新转型的公司，和其他互联网科技领域的初创公司一样，既没有成熟的经营模式，也没有准确的经营目标。由于这些条件都尚不具备，主管空有一腔理念和技术，也只能像一只无头苍蝇般乱碰乱撞。经过一年的发展，该老板发现公司从战略到管理一片混乱，不但没有盈利，反而还把投入的资本也都亏空了，此时才追悔莫及，后悔不该将权力下放得太彻底。

从这个案例中我们不难看出，不适度的权力下放，就会把企业搞得混乱不堪。在我们的管理工作中，一定要恰到好处地运用布利斯法则。

既要授权，要做到让员工有支配力；同时也要审时度势，满足授权的条件，任性授权只会把团队、把项目搞得一团糟。

👍 日常应用

管理工作中的权力分很多种，有明责授权、单项授权、条件授权、定时授权等。我们在将这些权力授权给员工时，一定要分清楚这些权限，做出相应的授予。

1. 明责授权

明责授权，是指授权要以责任为前提，授权同时要明确其职责，使下级明确自己的责任范围和权限范围。

2. 单项授权

单项授权，是指只授予决策或处理某一问题的权力，权力会在问题解决后立立刻收回。

3. 条件授权

条件授权，是指在某一特定环境条件下授予下级某种权力，环境条件改变了，权限也应随之改变。

4. 定时授权

定时授权，即授予下级的某种权力有一定的时间期限，到期权力就会收回。

倒金字塔管理法则：留下证据

公司新来的会计去银行给公司取钱，刚出银行就被歹徒用枪指着头打劫。会计并未抵抗，乖乖地奉上钱袋。劫匪见他如此乖顺，反而疑心有诈。

会计说："大哥，我们公司有一条规定，员工有权力对自己负责的事情做决定。因此我现在决定把钱给你。不过，我需要留下一些证据，证明我是被打劫，而不是私吞公款。所以要拜托你在我的裤子上开两枪。"

劫匪心想，自己拿到这么大一笔钱，满足他这个小小的要求也是应该的，于是便在他的裤子上开了两枪。

会计再次恳求道："大哥，为了让老板深信我无法反抗，请你再在我的衣服和帽子上再各开两枪。开完枪你就可以走了。"

被说晕头的劫匪统统照做，枪里的子弹都打光了。这时，会计猛地起身撞晕了劫匪，高兴地取回了钱袋。

🎙 **趣味点评**

如果被打劫的会计没有权力处理自己负责的事情，他就可能会因为自己无法对这份钱财做出支配而不愿意把钱给劫匪，最后的结果将会是"会计丧命、钱财被劫"。不过，因为有"公司给予员工承担责任的自由"的管理制度，会计有了做决定的权力，他可以选择受伤保护财物，也可以选择送出财务保命。会计经过权衡后迅速做出决断，聪明地制服了劫匪。

这一则幽默故事体现的正是管理学中的"倒金字塔管理法则"：给予一些人以承担责任的自由，可以释放出隐藏在他们体内的能量。

♟ 管理学解读

"倒金字塔管理法则"的提出者是瑞典的北欧航空公司总裁杨·卡尔松，这条法则来自于卡尔松本人的管理经验总结。

卡尔松担任北欧航空公司总裁时，北欧航空公司正处于濒临倒闭的状态，因为石油危机和管理方式的老套，导致北欧航空公司一片萧条、人心惶惶。卡尔松虽然很年轻，但极具领导才能，有着丰富的管理经验，正因如此，北欧航空公司才会聘请他来救公司于水火之中。

卡尔松仔细研究公司的管理模式后，发现该管理模式是传统的"金字塔模式"。管理者们在金字塔顶端制定决策，而员工只是决策的执行者，就好像螺丝钉一样，没有自己的思想，只是听管理者安排，被动地工作着，没有热情。

卡尔松凭借丰富的管理经验，从这份传统的管理模式中分析出问题的症结：员工被动地接受安排，心也就未融入公司，公司也未能赋予员工"公司主人"的责任感。这直接导致团队人心涣散，公司的服务工作愈发糟糕，再加上外部的客观原因，公司内忧外患，因此无法正常运转起来。

卡尔松抓住问题的关键后，马上着手重新构建管理模式。他把传统的管理模式倒过来，形成一个倒金字塔模式：把决策权交给一线的员工，因为他们直面用户，用户提出问题后，他们可以根据自己的经验和知识直接做出决定，而不用等到汇报上级后再听上级领导的安排和指示。

卡尔松的这一管理模式让北欧航空公司的每一个员工都有了处理自己职责内所面对事物的权力。

有一个国外的乘客住在距离机场几十公里外的市区的一家酒店里，在距离飞机起飞还有两个小时的时候，他急匆匆地赶去机场。等到机场他才发现，自己匆忙之间把身份证件遗失在了酒店里。他要是回去取再折返回来，时间肯定来不及，不去取的话没有了证件，他也一样无法登机。

负责他所要登航班的工作人员得知这个情况后，马上打电话联系酒店，让酒店派人把客人的证件送过来，一切费用都由航空公司来支付。这名乘客听到这名工作人员的安排时，简直不敢相信自己的耳朵。在他眼里，这名工作人员只是机场最基层的一名员工，怎么会有这么大的权力？

后来乘客才知道，这正是北欧航空公司总裁卡尔松的倒金字塔管理模式下的员工权力支配制。也就是说，航空公司把管理权限下发到每一名员工手里，让他们在自己的职责范围内有权决定和处理一些事情。而员工们有了权力，也就会有了主人翁精神，就会想办法把工作中遇到的问题以最佳的方式处理好。就像这名乘客的事情，工作人员在极短的时间里安排人员把证件送来，既不会延误乘客的时间，也以优质体贴的服务赢得了乘客的心。

不过，倒金字塔管理法则中有一点要注意，就是员工在支配管理权的同时，也要让他们清楚责任。对于任何一个企业或团队来说，管理权和责任感都是相互依存的。只有责任感，没有管理权，责任感就会淡漠；只有管理权，没有责任感，管理权就容易越轨。

像北欧航空公司的那名工作人员，如果只有责任感却没有管理权的话，他就空有为公司留住顾客的心，却没有帮乘客解决这个问题的能力，只能让乘客改签下一趟飞机，乘客下一次也许就不会再乘坐该公司的飞机，公司也就有可能失去了这名用户。

再如，幽默故事中的"会计"，在获得面对突发状况时，他有对公司财产管理权的同时，也必须承担起对公司财产的责任感。正是基于这一点，他才会在答应"劫匪"可以把钱拿走的时候，又用策略制服劫匪，最终保护了公司的财产。倘若公司给了他管理权，而他不用承担责任，那么他完全可以双手将钱奉给劫匪，自己平安无事地离开。

可见，既要给员工管理权，也要让他们知道该承担的责任。简而言之，就是倒金字塔管理法则中那句话："给予员工们以承担责任的自由。"

👍 日常应用

当把管理权和责任感都下放到员工手里时，管理者一定要做好以下几点，以确保管理权和责任感全都运行在准确正常的轨道中。

1. 做及时跟进的监督者

管理者要负责监督员工的决策，以确保其位于可控的、准确的轨道上。只有这样，才能保证管理权不会被滥用，责任也落实到位。

2. 认真听取员工反馈的建议

员工独当一面后，会有更多更好的经验和总结，它们是管理权的直接反馈，也是管理者做新的企业战略规划的基础。管理者要经常安排员工汇报，并悉心听取员工的反馈建议。

热炉法则：触犯和惩罚

冬天，军官和新士兵们在寒冷的操场上训练，大家都冻得直打哆嗦。

军官问："你们谁能够说清楚'触犯'和'惩罚'之间的关系？"

士兵冻得说话都断断续续："未经同……同意就离开操场去火炉边摸火炉，这就是触犯。"

"那么惩罚呢？"

"让他一直……一直摸……摸着火炉。"

🎙 趣味点评

士兵的想法很有趣，离开操场去取暖，等于触犯了部队的规章制度，一直触摸着滚烫的火炉，手就会被烫坏，等于被惩罚了。

没有经过管理者的同意，就离开岗位去烤火，的确是触犯了规章制度，违反了规章制度就必须接受惩罚，否则整个团队的秩序都会变得很糟糕。在管理学中，这个效应被称作"热炉法则"。

♟ 管理学解读

该幽默故事中的"火炉"，事实上在我们每个人的生活中都曾出现过。儿时，父母做饭的时候，我们总爱围在他们身边，看着炉火彤彤，锅铲翻飞，等待可口的美食出锅，我们迫不及待地伸手去抓，这时，父母总会一把拦住我们，"小心炉火烫着你。"如果我们执意不听，这时父母就会把我们的小手拉到火炉旁，感受那随时都会灼伤人的高温。

这样的体验让我们记忆深刻，甚至会伴随我们一生。长大以后，每当我们想做什么事情时，总会思考一下这件事情是不是该做？做了之后会有怎样的结果？会不会像那个"火炉"一样在达到目的时也会烫伤？诸如此类的思考，让我们明白了规章制度的重要性。

任何一个企业或团队，都要有一套规章制度，员工必须按照规章制度来做事，才能保障企业和团队项目有序合法地运作。而且规章制度对员工要有约束力，只有遵守规章制度，才能防止管理工作中出现任意性。

网络上曾闹得沸沸扬扬的网红进飞机驾驶舱的事件，便是一个典型的员工不遵守规章制度的案例：2019 年 1 月，有女乘客进入桂林航空一驾驶舱内拍照。当她把照片上传到网络后，引起了轩然大波，要知道，民航局有明确规定，驾驶舱不允许机组人员之外的任何人进入，曾经有一个机长让他儿子进入驾驶舱误触按钮引起飞机失事的惨剧，所以为了保障飞机上所有人员的安全，民航局是坚决不允许闲杂人等进入驾驶舱的。

民航局当即展开调查，才得知这个女乘客是该航班机长的女朋友，机长为了哄女朋友开心，于是擅自让女乘客进入了驾驶舱。这一步迈过的不只是驾驶舱的门槛，更是违反民航局的规章制度。

触摸了滚烫的火炉，就要被烫伤，触犯了民航局的规章制度，就要被处罚。机长因此被吊销驾驶证，此生都不能再驾驶飞机了。无论他有多么后悔，他都必须为自己的错误买单。身为管理者，你要让你的员工知道，规章制度就像火红的热炉，即使不懂，触犯了也必须受到惩罚。

同时接受惩罚的还有同机组的其他员工，因为他们没有尽到监督的责任，也变相地触碰了规章制度的底线，所以也要受到处罚。如果员工犯了错，管理者不及时加以训导，那么员工就会接二连三地出错，这是因为员工们会产生这样的错觉：犯了错也不会受到惩罚，所以再犯一个也无所谓。

热炉法则不仅会在员工身上出现，也有很多管理者明知故犯，以为自己有权力，因此做监守自盗的事情。但越是这样，一旦触犯了规章制度，受到的惩罚就越加严厉。

有一个男孩大学毕业后进入市区一家大公司的卖场担任组长，手下管理着几个员工。平日里他对员工三令五申，一定要遵守公司的规章制度，千万不要做出违背公司章程的事情来。员工们也都懂得其中的利害关系，所以都循规蹈矩地工作着。

很快到了年底，组长的女朋友要他和自己趁着假期一起回老家去向她父母提亲。组长这下可犯了难，因为公司才开了会：为了迎接假期的客流高峰，任何人都不得歇班，请假也一律不批。他刚把这个命令传达给小组成员们，现在自己又怎么好意思歇班。

可组长的女朋友也很为难，因为她父母说了："如果这次准女婿不回去，那以后永远也别进家门。"在他们心里，女儿的婚事比什么都重要，要是以工作为由推脱，是根本说不通的。为了不失去女朋友，组长决定偷偷地回女友老家一趟。他没有请假，也没有和组里的员工们说起此事，只悄悄地歇了两天。谁知，此事很快就被小组的员工揭发了，事情闹得很大，公司高级管理层知道此事后，对组长做出了罚款并撤职的处罚。

组长虽然很不甘心，却也不得不接受这个惩罚。因为他身为管理者，在明知规章制度如火炉般不能触碰的情况下，还是突破了底线以身试法，做出了违反规章制度的事情。如果自己不受到严惩，企业就无法服众。

热炉法则不仅告诉我们不能触碰规章制度的底线，也告诉我们在规章制度面前人人平等。一个团队里，一个企业中，必须人人都遵循规章制度，无论是谁触碰了规章制度的底线，都要受到相应的惩罚。只有这样，企业才能实现蓬勃发展。

👍 日常应用

每个公司都会有一套规章制度，以供所有人遵循。在行使热炉法则时，要注意以下几点。

1. 做到公正

触犯规章制度的人可能是基层员工，也可能是管理层中坚力量，无论是谁，处罚方式都要保持一致性，只有这样，才能公正，才能服众。

2. 对事不对人

当团队里有人犯了错，惩罚时一定要注意客观性，对事不对人。千万不要趁机进行人身攻击。事情过后要放下，最忌过后总拿出这件事情反复批判，这样做会失去民心，让团队人心涣散。

洛克忠告：听令办事

二战期间，两位朋友在街上相遇。

其中一个说："嗨，蒙哥马利，听说你已经是一名著名的将军。你是怎么做到的？"

蒙哥马利回答："二十年前进入部队，我就过着分分秒秒都听口令行事的生活。你知道那是一种怎样的紧迫吗？"

朋友说："我当然知道。这二十年来我虽然没有当兵，同样分分秒秒都按口令行事。"

"那你……"

"我结婚二十年了。"

🎙 **趣味点评**

蒙哥马利一直严格遵守部队的规则指令，最终成为了英国著名的将领；而他的朋友严格遵守妻子的指令，所以拥有美满的婚姻。同理，如果企业的员工能够严格遵守企业的规定，就必定能做出满意的工作绩效。英国教育家洛克看到了这一点，对管理者们提出了著名的"洛克忠告"——规定要少而精准，且必须严格遵守。

♟ **管理学解读**

"洛克忠告"的提出者是英国哲学家约翰·洛克，他担任过牛津大学的希腊语老师和哲学老师，又在英国皇家学会担任过职务，还跟随沙夫茨伯里伯爵并担任伯爵团队的秘书。在这些工作经历中，他观察了很多团队的运行和管理，并总结出这条洛克忠告："没有有效的监督，就不会有满意的工作绩效。明智的管理者会利用监督这把利剑，促使员工们既有紧迫感，又满怀热情地投入到工作中去。"后来管理者们把这条忠告视为管理宝典。

在管理工作中，所谓有效的监督，其实就是让项目在执行过程中遵守各种规定。俗话说：没有规矩，不成方圆。规定在我们的生活中无处不在，就像该幽默故事中那样，蒙哥马利严格遵守部队的规定，因而成为了一名优秀的将领，他的朋友严格遵守婚姻的规定，因此成为了一名合格的丈夫。

企业发展更需要规定，有了规定，就有了规章制度，员工们才能按部就班，满怀热情地工作，企业也才能良好运转。

2018 年 Facebook 宣布要开发数字货币 Libra，但这一计划却遭到美国众议员的反对。在这样的背景下，另一个企业沃尔玛也高调宣布要开发类似于 Libra 的加密数字货币，并且做出相关的战略布局。为此，沃尔玛的管理者规定研发部的员工们紧锣密鼓地进行数米货币核心技术区块链的开发。

但在 2019 年之前，区块链技术一直纷争不断，很多国家和政府都没有对这项技术做出明确表态，所以很多人都对这项技术持观望态度，这也包括沃尔玛研发团队的一部分员工。沃尔玛的管理者为了有效监督员工们进行区块链技术和数字货币的开发，对他们解释说："这个产品能够改进我们的供应链服务和货物配送服务，让用户享受到更精准且成本更低的服务。而且用户还能对新鲜的果蔬进行跟踪并可溯源。"

沃尔玛显然是在做一件引领零售新模式的大事，但在这个过程中，他们对研发部的员工的规定只有这一条：研发区块链技术并申请专利。他们要求员工必须严格遵守并有效执行。员工们在这条规定的监督下，马上展开了热情的工作，从 2018 年美国专利局透露沃尔玛开发区块链技术，到 2019 年美国专利局文件显示沃尔玛公司在研究发行稳定币，仅用了一年的时间。这就是定下规定并有效监督的结果。

洛克忠告，其实就是中国古语所说的"令出必行"。在执行规定的这个过程中，管理者要做的是一定要把规定落实到位，不然的话，轻则影响企业发展，重则触犯法律受罚。这可不是危言耸听。

北京某知名日料餐厅拥有大量的回头客，这完全是得益于餐厅明确的食品安全规定。然而，餐厅在火爆运转五年后，却在一次曝光中折翼。当时，有一位记者以服务员的身份卧底进入餐厅后厨，在那里，记者拍下了餐厅员工们的一些行为：将餐具和靴子一起清洗，用焯菜的漏勺盛垃圾，直接用手拿捏未上桌的菜品，把客人没吃完的生鱼片和牛排等重新装盘。

这些视频一经曝光，立刻引起了舆论哗然，新老顾客纷纷表示，再也不去这家餐厅消费了。有顾客气不过还举报了这家餐厅。因为餐厅有明显的违反食品安全规定和违反食品操作规定的行为，因此受到了相关部门的勒令停业和严重处罚。餐厅也因此一蹶不振，不久就在餐饮业界消失了。

如果餐厅管理者心中始终谨记洛克忠告，那么他就会在餐厅有明文规定的前提下，有效监督员工们满怀热情地履行规定，按照章程工作就不会出这么大的纰漏。餐厅管理者并没有做到这一点，所以遭遇滑铁卢是迟早的事情。

令出必行，有效监督。这是每一个管理者都必须要懂得的道理。

日常应用

洛克忠告我们：要让员工严格遵守规定，就要令出必行。怎样做到这一点呢？管理者可以从以下几方面入手。

1. 先通情，后达理

员工首先是个体的"人"，然后才是企业的员工。管理者想要让员工听你的指令，就要结合员工的实际情况进行深入浅出的说服，这样能让员工分清利弊，他们才会心悦诚服地接受你的安排。

2. 拒绝以权服众

很多管理者容易陷入一个误区：我有权安排你去做什么。可在实际工作中，这样的效果并不好，并不能让员工自发地遵守你的规定。要讲究策略，让员工心服口服，而不是以权压人。

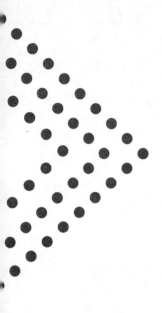

第八章　创新篇

挖掘动力，让你立于不败之地

舍恩定理：自信的年轻人

一个年轻人发现自己家被偷。偷盗者骑着一辆摩托车，离开前对他说："年轻人，你追不上我的。"

"我一定能追上你！"年轻人说着，迅速追了上去。

他跑啊，跑啊，很快追上了偷盗者。可他并没有停下来，而是越过偷盗者继续往前跑。

路上有行人问他："年轻人，你在跑什么？"

年轻人自信地回答："偷盗者说我追不上他，可我现在已经把他远远地甩在后面啦！"

🎙 趣味点评

偷盗者骑摩托，对跑步追赶的年轻人追上自己持怀疑态度，但年轻人对自己充满自信，结果他跑赢了摩托。"信不疑，则会开花结果。"美国麻省理工学院的教授舍恩根据这个现象，提出了著名的"舍恩定理"。

♟ 管理学解读

"舍恩定理"的意思是说：只有相信自己，才能有积极的态度去实现自己所希望的目标。自信，是获得成功不可或缺的前提之一。一个人有了自信，就敢于去积极挑战，并最终获得成功。

没有自信，世界上就没有成功。如果说，成功有三个因素的话，其中一个就是自信，另外两个是行动和学习。任何人具备了这三者，就一定能在他所在的领域有所作为。而其中自信要占百分之五十的分量，也就是说，当一个人满怀自信的时候，他便已经成功了一半。美国国会议员鲁道夫就是因为满怀自信而成为国会议员的。

当鲁道夫还只是一名西弗吉尼亚沙朗大学的学生时，他就立志要做一名国会议员，为民众谋福利。但很多人并不看好他，毕竟他只是一个毛头小子，而他的竞争对手个个都是经验丰富的沙场老将。他既没有足够的财力，也没有丰富的经验，凭什么去打败对手呢？面对一片质疑的声音，鲁道夫并没有退缩，他仍旧保持满腔的自信，并不断努力提高自己的能力。他精心做策划，到处去演讲，无论是刮风下雨，还是受到威胁恐吓，都无法阻断他的行动。

当投票结果出来时，所有人都惊奇地发现，鲁道夫以压倒性的胜利打败了对手，顺利当选为一名国会议员。原来，鲁道夫让民众看到了他对政治的正确见解，看到了他一心为民众的真诚，于是民众纷纷投票选他。他的自信帮他获得了这次成功。鲁道夫的成功经历告诉我们：有了自信，就能为了完成内心渴望完成的事业而把全身每个细胞都调动起来，并一直保持这种高度的自觉性。

身为个体，有了自信，就能踏上成功的坦途。对于团队来说，有了自信，就能像幽默故事中的"年轻人"一样奔跑在对手的前面。推销团队具有自信，顾客就会买下他们的推销产品；演讲团队具有自信，听众就会接受他们传播的思想；军队具有自信，就会凝聚成无坚不摧的力量；科技团队具有自信，就能在"豆腐"上盖起一座高耸入云的大厦。

说起豆腐，都知道是软软的物体，别说盖大厦，就连触碰都需要小心翼翼才行。但真有这样一个"在豆腐上盖大厦"的团队，这个团队就是柔宇科技公司。公司创始人刘自鸿早在美国斯坦福大学攻读博士学位的时候，就萌生了制造超薄柔性显示屏的念头，他把它定位于"能持续很久、伴随人类发展"的大事。

他想，人们现在出行都会带电脑，但笔记本方方正正的显示屏很不方便，如果拥有轻薄到可以卷起来的显示屏就好多了，而且他也坚信自己能做到，于是经过刻苦钻研和学习，刘自鸿掌握了许多做柔性传感和柔性显示的技术知识。

毕业后，刘自鸿马上在硅谷和深圳开办了公司创造柔性显示屏。个人的自信是从小就开始积累于骨子里的力量。但对于团队来说，这一点是欠缺的，想要让团队具备自信，就需要培养员工们对公司新事物的自信。

刘自鸿对团队成员说："咱们的事业，就好比是在豆腐上盖大厦，要在豆腐上盖大厦还能住人，上面的东西全部要变，不能再用钢筋水泥，不然肯定把豆腐压坏了。这是一件艰巨的任务，不过，咱们一定能做到。"每天他都会工作到凌晨，每天他总是第一个到公司开始工作。这样的专注和坚持激起了所有员工的工作热情，团队在他的带领下信心十足地开始了创业。

创新，需要自信，也需要细心。刘自鸿说："不仔细用心怎么行？研发、制造超薄柔性显示屏相当于在豆腐上盖大厦，必须要创新才可以的。"他们对研发的产品进行精细地打磨和改良。在刘自鸿的带领下，柔宇科技自信又细心地走在创新的路上，很快就成功研发出了厚度只有0.01毫米、卷曲半径仅为1毫米的全球最薄柔性显示屏。

互联网时代，每个人都在呐喊创新，每个企业和团队都在追求创新。但是，身为管理者，一定要明白一个道理：新事物，只有在真正相信它，并始终坚持不移地追求它的人手里，才能生根发芽，开花结果。所以，在创新之前，要对自己所要研发创新的事物怀有信心，只有这样，才能全力以赴做接下来的工作。

团队的自信来源于每一个员工的自信，所以培养员工的自信很重要。像刘自鸿那样以自己的自信激起员工的自信，是最直接、也最好的一种方法。但管理是一件复杂的工作，项目的不同、人员的不同，管理者属性的不同，都会影响和决定员工自信度的萌生和增长。刘自鸿之所以能用自己的自信带动员工，是因为他本身就是一名技术人员，他在技术层面能指导员工，以自信带动自信。

但如果换成一名非技术人员来做创新团队的管理者，事情就不会这么简单，因为管理者在技术层面无法深入，也就无法萌生技术层面的自信，当然也就无法带动员工们的自信。此时要怎样带动员工的自信，进而提升整个团队的自信呢？

这时，管理者就要学会发挥员工的长处，在每一次员工有所突破的时候，都及时赞美他、表扬他。这样就能增加他们的信心。每个员工都有了信心，团队的自信也就自然而然地建立起来了。

👍 日常应用

创新是技术层面的内容，假如你是一名技术型管理者，那你就用你的自信带动员工自信。假如你是一名非技术型管理者，想要让你的团队对新事物充满自信，那么你就要这样做：

1. 巧用肯定的措辞

每个人的自信都是从肯定中建立的，所以员工需要被肯定。面对员工的每一次进步，你都不要吝于赞美，多肯定他们就会带给他们创新的力量。

2. 给予员工充分的信任

要信任员工，把重要的工作交给他们去做，给他们空间，让他们知道，你相信他们能做好。给予员工充足的信任，员工才能放开手去创造。

卡贝定理：爱因斯坦的放弃

爱因斯坦研究原子弹时，曾受到政府的阻拦。他告诉助理，是时候去休养一下了。

他心不在焉地问助理："放弃实验后，我要去哪儿休养呢？"

"随便您，先生，"助理说，"挑一个您最喜欢的地方吧。"

"好的。我明天便动身。"

第二天，助理发现爱因斯坦不见了。后来，助理在实验室看到了他："先生，您应该去您喜欢的地方。"

爱因斯坦耸耸肩："这就是我最喜欢的地方啊！"

🎙 趣味点评

显然，对实验痴迷的爱因斯坦来说，"放弃工作"这件事情失败了，也正是如此，才让他有了一个又一个的创新成果诞生。但在企业管理中，这种做法是很危险的，有时必须要学会放弃。因为对于企业发展而言，放弃有时候比争取更有意义。美国电话电报公司的总裁卡贝因此提出了"放弃是创新的钥匙"的"卡贝定理"。

♟ 管理学解读

"放弃有时比争取更有意义。"这句话对于恋爱中的人们来说耳熟能详，因此恋爱观中有一条最广为流传的言论：放手你争取的东西，如果它弹回来，那么它就属于你。这生动地诠释了"放弃比争取更有意义"这句话。事实上，这一点在管理中也同样适用。

乐视为什么失败？表面看是扩张太迅猛导致资金链断裂，追究深层原因会发现，是公司想要创新成为多元化企业，却只顾争取而不懂得放弃而造成的后果。倘若公司扩张之时，管理者们能够做到放弃那些看似好的、实质上却阻碍公司发展的项目，那么公司就能正确地运行。但因为管理者们舍不得放弃好不容易争取到的项目，最终导致公司无法运转而破产。

学会放弃的人，才能顺利地走向成功。懂得放弃的管理者，才能让公司持续创新并发展壮大。关于这一点，iPhone 公司的管理者乔布斯给所有的管理者上了一堂生动的课。

乔布斯开始创业时是和 Motorola 合作，在他们的手机里加入 iPOD 的功能。但等产品做出来以后，乔布斯对产品并不满意。他认为这款手机做得并不完美，虽然这已经是当时市场上最前卫、最高端的手机了，只要投放市场就一定能够有非常好的效益。但乔布斯却认为这并不是自己想要的完美手机，于是他断然放弃了合作，也放弃了唾手可得的财富。

这样的放弃有多么可惜呢？从乔布斯朋友们的反馈当中就知道了。他们纷纷表示："你做事情无非就是为了挣钱，到手的财富眼睁睁就放弃，你是不是傻？"由此可见，这种放弃对于乔布斯和他的团队来说是一件多么艰难的事情。

但乔布斯毅然选择了放弃，他率领团队把本来计划用到 iPad 平板电脑上的 multi-touch 程序转用到手机上来，还收购了 FingerWorks 的所有专利并全部整合到手机里。这样一来，没有手机能够与 iPhone 手机的程序相媲美了。即使这样，乔布斯依然不满足，他不仅要求手机内部完美，手机的外观也要精美无比。于是他去联系当时最著名的玻璃厂商，要他们做出最优质、最酷炫的玻璃，如果不能做到最好，乔布斯就会推翻整个行动计划从头再来。他在苹果手机上的细节要求达到了吹毛求疵的程度。

"放弃合作"让乔布斯有了独立自主的权力，而这也是他打开"创新"这扇大门的钥匙，从此他率领团队奔跑在创新的路上。在苹果公司开发部工作过的员工对这一点深有感触。他们说："曾经有一个细节需要修改，导致天线和电池都要挪动，换作其他公司的总裁，可能会直接发布之前的版本。但是乔布斯却不一样，他要求我们按下 RESET 键，从头做起。"这就是乔布斯做 iPhone 的态度，他要求每一个细节都是最完美的，如果不够完美那就重做，如果不够达标也要重做。事实证明，乔布斯苛刻的要求诞生出了手机界最精细最完美的产品。

正是因为懂得"放弃是创新的钥匙"这个道理，所以乔布斯成就了 iPhone 手机称霸手机行业多年的局面。

一个企业的管理者想要拿到这枚钥匙，就需要具备高瞻远瞩的视角，对新事物树立敬畏之心，把创新当成一种使命，而不是可有可无的事情。只有做到这一点，你的团队才能拥有无人可以取代的特点和优势，成为同类企业中的佼佼者。

如果一家企业已经陷入没落的僵局，"放弃"尤为重要，只有放弃原有的产业，哪怕这个产业曾是企业的支柱，也要忍痛弃之，只有这样才能让企业起死回生。说到这一点，索尼中国区的董事长栗田伸树最有体会。

栗田伸树在担任索尼中国区的董事长之前，索尼在中国的销售额逐渐走低，作为曾经的全球电子业霸主，索尼在飞速变化的智能机时代已颓势尽显，留给栗田伸树的局面并不乐观。不过，栗田深谙"放弃是创新的钥匙"的道理，针对中国年轻一代是游戏娱乐领域的目标用户这一特点，栗田伸树下令暂缓相机产品，转型开发游戏业务，以抓住这些年轻的游戏玩家。

栗田伸树率领索尼中国团队努力开发游戏业务，很快索尼的游戏业务就正式上线了，PS4，PS Vita 吸引了许多年轻的游戏玩家。当年，索尼在游戏、数码影像、家庭娱乐和部件业务等方面全部实现了赢利，栗田伸树也得到他的上司——索尼全球总裁平井一夫的夸赞："栗田伸树是索尼集团中最擅长市场营销的管理者之一。"

栗田伸树能让索尼在中国区域起死回生，正是因为他放弃了让公司滞步不前的业务，腾出时间和精力去开拓迎合市场需求的新业务，才获得了成功。他告诉管理者们，如果目前坚持的产品已经成为发展的负累，就要当机立断做出放弃。只有放弃了负累，才能全力以赴去开发并得到新的产品。

有很多企业虽然发展壮大，但却并不懂得这个道理。比如诺基亚公司，在互联网科技迅猛发展的时代，其他手机公司都在快速更迭，但诺基亚的管理者却一直固守自己的业务模式，腾不出时间和精力去研发新的产品，最终导致被市场淘汰的下场。

👍 日常应用

很多管理者面对战略选择的时候，无法做出放弃的决策，并不是舍不得，只是因为不确定，他们不确定放弃是不是真的能让企业受益。面对这种情况时，我们可以这样做：

纵览全局，理性考量

管理者一定要有纵览全局的眼光，否则就不知道放弃的界限和内容。纵览全局之后，再做出理性的思考和判断，就能把握进和退之间的尺度，也就能做出正确的放弃。

自吃幼崽效应：爱我这个人，还是爱我的名气

黑人姑娘海曼和一个白人恋爱了，但因为肤色问题分了手。海曼决定要让自己蜕变，她把失恋的痛苦都转化为动力，最终成为了世界女排第一重炮手。

海曼成名后，白人前男友去找她，说："亲爱的，现在你已经是世界闻名的大球星，肤色问题不再是我们在一起的障碍。让我们继续做恋人吧！"

海曼回答："我不知道你是爱我这个人，还是爱我的名气。爱我这个人，那么我仍然还是这么黑。如果爱我的名气，那么请你去买票。"

🎙 趣味点评

海曼被抛弃后，并没有放弃自己。她积极面对自己是黑人的事实，并努力拼搏成为强者。当前男友再回头时，她已经充满信心开始新的一页了。

一个优秀的管理者也需要像这样找出企业或团队的弱点，并积极去面对它。只有纠正了弱点，才能生产出更好的产品，为用户提供更好的服务。这种效应在管理学中称之为"自吃幼崽效应"。

♟ 管理学解读

自吃幼崽？有人或许会问：虎毒还不食子呢！更何况带团队、做企

业，那样残忍的事情怎么利于企业发展呢？事实上，这确实是管理者必须要面对的一个残酷的事情。

管理界颇负盛名的达维多先生在担任英特尔公司的副总裁时，英特尔正好面临 IBM 公司的 PowerPC RISC 系列产品的挑战。虽然当时英特尔公司的 486 处理器产品极其成功，但与 PowerPC RISC 系列产品相比，英特尔公司的微处理器的性能和速度都不是最好和最快的。长此以往，只怕 PowerPC RISC 系列产品就会赶超 486 处理器。

包括英特尔很多员工在内的大多数人都没有意识到这个危机，他们依然沉浸在 486 处理器带来的成功喜悦中。只有达维多冷静地观察到了这一点，于是，他做出了一个让其他人不解的决策：牺牲 486 处理器，支撑奔腾 586。这个战略的目的就是要比竞争对手抢先生产出速度更快、体积更小的微处理器。

达维多的决策很快得到了执行，当新产品生产出来后，人们发现这款产品的的各项性能和指标都远远高于之前就一直领先于其他处理器的 486 处理器，无论是 IBM 公司的 PowerPC RISC 系列产品，还是其他竞争对手的处理器，想要达到这个新标准简直是痴人做梦。英特尔公司也因此一直称霸于该领域。

把自己之前的产品淘汰掉，然后研发出更好的产品。达维多采用的正是"自吃幼崽"方法。这种方法也说明一个道理：只有不断淘汰自己产品的企业，才能获得长远的发展。达维多总结出的这条管理学理论，被人们命名为"达维多定律"，因为这和动物界为了强壮而不得不吃掉自己幼崽的性质相似，所以又被人们称之为"自吃幼崽效应"。

后来，很多管理者都借鉴这条定律来管理自己的企业，也因此获得成功。意大利奢侈品公司诺悠翩雅便是其中的一家。

在意大利，"诺悠翩雅"早已经成为了一个国宝级的品牌，每个人都以拥有一件诺悠翩雅的产品为荣。诺悠翩雅无论是从质量上，还是从精细程度上，都堪称世界同类产品之最，因为早在二十世纪六十年代，它就已经垄断了本地最纤细最昂贵的山羊绒、美利奴羊毛和骆马毛作为服装面料的原材料。

但诺悠翩雅的管理者并不满足于此，他们要把上乘原料的功能发挥到极致。于是从1975年开始，他们不远万里来到中国收购鄂尔多斯等地的羊绒原料，经过筛选后再运往全球各地的加工厂。这种淘汰掉自己产品的做法让诺悠翩雅的成本提高了很多，但它也把同类羊绒服装远远甩在了身后。

你以为诺悠翩雅的管理者就此止步了吗？不！随后不久，他们在乌兰巴托收购了一家羊绒分梳工厂，以便用小山羊第一次产下的优质纤维制成羊绒衫。为此，每年要从约四百万捆羊毛中挑选最小直径为10微米的超级羊毛。这可是一个相当浩大的工程，而且这种羊毛的产量并不高，就是把全球的这种羊毛都收集起来，也仅够缝制五十套西装。

换任何一家企业都会把羊毛直径数据放大一些，以便制造出更多的西装来为公司创造效益，但诺悠翩雅却拒绝这样做。在诺悠翩雅集团全球CEO皮尔·路易吉看来，正是这种顶级羊毛制作出来的西装才是诺悠翩雅西装，不是顶级羊毛，那制作出来的西装就失去了灵魂，也就不能称之为诺悠翩雅了，因为它使用的不再是世界顶级的原材料。

诺悠翩雅的管理者采用这种不断“自吃幼崽”的做法，让诺悠翩雅在短短二十年间从几间厂房拓展为集面料、成衣、配件于一体的世界顶级奢侈品品牌。同时，也使使用诺悠翩雅产品作为原材料的品牌成为顶尖品牌：阿尼玛服装品牌采用的是它制作出来的纺织品，伦敦萨维尔街的顶级裁缝也只采购诺悠翩雅的布料，而顾客们则以同时拥有诺悠翩雅和香奈儿为荣。

身为一名管理者，管理的企业规模有大有小，我们或许并不能经营一家国宝级产品的企业，而且经营方法也各不相同，但最关键的一点是要平衡长期和短期的回报，最重要的是要让公司在好与坏的局面下都能存活下去。只要做好“自吃幼崽”的工作，哪怕是一家吸管厂也能发展成一家大公司。

双童吸管公司的管理者楼仲平，在创办双童吸管时，公司只是一家租厂房的小企业，生产普通的吸管，利润不多。但那时吸管企业不多，所以双童吸管也还能发展下去。经过努力发展，到 2004 年，企业有了属于自己的 18 亩厂房，算得上是吸管领域的巨头。

但是随着互联网时代的兴起，科技产品如雨后春笋一般争先涌出，且利润惊人，相比起来，传统的渺小的吸管利润少得可怜。所有的厂家都不认为这个产品能有多大的发展前景，也不认为它有创新的出路，所以企业都是按照传统方法，将它们按吨位兜售。

此时，占据市场大部分份额的楼仲平决定淘汰掉支撑自己全部江山的传统吸管，他率领团队进行创新，深挖吸管的智能性、新颖性和实用性，不久就制造出了各式各样的吸管，它们有着不同的实用性：带粉色红心的长吸管专为恋人设计，心形腔体里装有水流止回和过滤装置，解决了传统情侣吸管必须两人同步饮用的尴尬，还能防止液体回流导致交叉感染；带藏药圆球的吸管专为宝宝们设计，方便他们生病时吃药。

为了达到创新的要求，楼仲平甚至专门设立研发部门，只要员工们能设计出新的吸管，他就会帮他们申请专利。现在，双童吸管公司已经掌握了全球三分之二的吸管专利，而且利润额节节攀升。双童吸管公司之所以能取得这样的成绩，完全要归功于管理者楼仲平敢于"自吃幼崽"的锲而不舍的创新精神。

看吧，一个管理者，无论你在一个多么微小的企业，做着多么微小的管理工作，只要你敢于"自吃幼崽"去创新，就会有很大的发展空间。

👍 日常应用

想要公司更好地存活下去，关键就在于管理者是否把质量视为产品的灵魂，是否以精湛为核心，而这一切都是以创新为前提的。要创新，就要做到以下几点：

1. 要有危机意识

即使你的产品已经处于同类产品的榜首，也要有危机意识。有了危机意识，才能在产品制作上追求精益求精，研发新的，淘汰旧的，锲而不舍，才能获得创新，实现持续发展。

2. 在传统基础上创新

创新不是一件简单的事情，凭空创新的东西往往很难成功。最好的创新是基于传统的、已有的产品上，去提升和融合科技技术。这是取得创新的一条便捷途径。

达维多夫定律：1 个新卓别林和 99 个旧卓别林

卓别林成名后，涌现出很多模仿他的人。某家公司嗅出其中的商机，举办了一场卓别林模仿秀。

卓别林觉得很有趣，也赶来参加比赛。后来结果出来了，卓别林排名最后。得知最后一名是真卓别林，所有人都觉得不可思议。

有人问："卓别林先生，为什么会是这样的结果呢？"

卓别林回答："因为那是 99 个旧卓别林和 1 个新卓别林的比赛啊！"

🎙 趣味点评

99 个模仿者模仿卓别林饰演过的角色，因为特意学习，所以模仿起来和他一模一样。而卓别林早已不是表演时候的自己，所以他表演的时候会在不知不觉中有所创新和改变，看起来就会不一样。这种创新精神让模仿秀闹了笑话，也正是这种创新精神让卓别林的演艺之路越走越宽。

心理学家达维多夫认为这种精神也是企业管理必不可少的，所以提出了"没有创新精神的人永远都只能是一个执行者，不可能成为一名先驱者"的"达维多夫定律"。

♟ 管理学解读

达维多夫的全名叫瓦西里·瓦西列维奇·达维多夫，他是苏联著名的心理学家和哲学家，一直深耕心理学领域，但对企业管理也有着极大兴趣。在观察了众多的公司发展历程后，他总结出著名的"达维多夫定律"。这条定律告诉我们：想要让公司成功，首先要具备的就是创新精神。

世界日新月异，我们需要用创造性的思维去看待发展，才能给企业注入旺盛的生命力。北岛有一句著名的诗句"高尚是高尚者的墓志铭，卑鄙是卑鄙者的通行证。"在企业管理中这句话也同样适用，那就是"保守是保守者的墓铭志，创新是创新者的通行证。"

在企业发展过程中，如果管理者只是保守着固有思想，一直不思进取和不做改变，那么企业迟早会被淘汰，留给世界的也只有一块"保守"的墓铭志，这一点，诺基亚公司就是典型的案例。

诺基亚手机刚出品时受到了无数手机用户的青睐，它的牢固度和持久续航能力是同类产品无法与之相比的，诺基亚手机也因此在手机市场份额中一度占据半壁江山。但可惜的是，诺基亚拒绝创新。在互联网如此发达的今天，它不能登录 QQ、不能收发邮件、不能上微信、不能看新闻，甚至都没有智能功能这个高科技社会必备的硬件。在如今这个就连小朋友都要求手机上网的时代，诺基亚这样的手机是注定要被市场淘汰的。

当诺基亚已经成为历史，人们每次谈到手机，总是会提到诺基亚的续航功能和坚固特点，这是它的墓铭志。它给各家企业提出警示："要创新！创新才是当今时代的通行证。"

倘若管理者懂得创新，坚持创新，那产品就一定会引领市场风潮，从而受到用户的青睐。因此说，创新是创新者的通行证。与诺基亚手机同一时代的苹果手机便是拿到这张通行证的产品。苹果公司的管理者乔布斯率领团队从研发出苹果那一天起，这款产品便成为消费者的奢侈品，它只用了几年时间便占领了整个手机市场。苹果之所以能够取得这样的成绩，要归功于它的创新。

　　每年苹果手机的发布会上总是会推出几款新产品，这些新产品总是有新的功能，这种创新让人期待和向往，哪怕一年换一次手机，用户都觉得物有所值。这就是创新的魅力。

　　在当今经济如此活跃的时代，市场一片繁荣昌盛。无数企业家们投入到这个市场，他们生产出了许多产品，为人们的生活带来了各种新颖的享受和体验。但消费者是最挑剔的上帝，他们会因为你产品中的某一项功能，甚至可能因为普通的外观就否决掉这款产品，从而导致企业的破产。

　　因此，想要在这个市场上生存下来并获得成功，就需要有创新精神。只有具备了追求极致的品质，才可能专注于产品的开发和制作，才可能生产出接近完美的产品，留住消费者的心。但一开始就能做到这一点的企业家并不多，所以能够长存几百年的老企业很少。有一部分面临危机的企业家意识到了这一点，他们迅速调整并具备创新思维，因此，产品有了创新，变得更加完美，从而赢得了市场。

　　美国的斯温莱茵公司就是这样一家及时转换创新思维的企业。斯温莱茵公司专门生产订书机。因为公司创办早，有固定的销售商，所以一直以来都利润可观。但随着互联网兴起，订书机已经成为传统产品，对于很多消费者来说，它已经变得可有可无。而且订书机制造商太多了，产品也都是千篇一律，没有差异。

　　显然，斯温莱茵公司面临两个结果：不改变，被市场淘汰出局；改变，让订书机变得与众不同，从而赢得市场。斯温莱茵公司的管理者只有一个选择——改变自己，把一款不起眼的订书机做到极致。于是，管理者做出了以下战略决策：

　　第一步，先调查消费者的需求。在调查结果中，他们发现消费者中隐藏着一类对订书机有超级需求的用户，他们是每天都有要使用订书机的人，比如印刷厂的员工。对于他们来说，订书机是不可或缺的工作机器。惊喜的是，对于消费者来说，订书机不只是订书那么简单，它还可以根据用户的职业不同，而分出多种类别来。

第二步，斯温莱茵公司的管理者根据这一需求，让员工们进行创新，在订书机里加入各种功能，比如普通订书功能，可做剪贴或工艺品的特殊功能，或是加入一些更高端的功能，以供高端人士用，这些功能能够适应各类消费者的需求。

因为这样的创新，斯温莱茵公司在当年就把市场份额从 60% 提高到了 66%，扭转了公司财务一直下滑的局面。可以想象得到，斯温莱茵公司的管理者如果没有及时做出创新和改变，只怕公司早就倒闭了。

所谓创新，就是在旧的产品基础上做出独特的新颖的功能。就像幽默故事中的卓别林，此时的他已经不再是以前的他，只会比以前的他更成熟，更豁达。创新出来的产品也不再是以前的产品，是根据市场需求做出的创新，因此，只会比以前的产品更精湛、更优良，也更受到消费者的青睐，从而赢得市场。

即使是一个濒临破产的企业，只要管理者秉承创新理念，率领团队把产品做到极致，为消费者提供超越他们期望值以上的产品功能，该企业也会拥有起死回生的能力。

👍 日常应用

在日常管理中，怎样才能培养自己的创新思维呢？

1. 抛弃旧观念，超越自己

要时刻告诉自己，市场竞争是残酷的，观念要时刻更新。只有抛弃旧观念，时刻超越自己，才能在市场竞争中脱颖而出。

2. 小改变引出大商机

创新不分大小，重要的是能满足市场需求。创新不是要我们去做多么高科技的产品，有时候，我们只需要跳出传统陈旧的观念，做出一点小改变，就能产生意想不到的效果。

吉宁定理：蒙哥马利的私密情书

伦敦修建纪念非洲战争的博物馆时，收录了英国军事家蒙哥马利的一封信。

蒙哥马利的笔迹很潦草，很难辨认，管理人员看了很多次都不确定内容是什么，但博物馆负责人不允许去找蒙哥马利求证。

"诸位去找蒙哥马利先生求证，那可是一个大大的错误。"

"为什么？"

"要么会被人说你们蠢，要么会被人说蒙哥马利先生字丑。"

管理人员问："那怎么办？"

负责人说："我自有办法，把它作为贵重展品放进去吧。"

过了一些天，蒙哥马利来到博物馆饶有兴趣地参观，然后他看到了那封信。他愣住了，问负责人："这封信是哪里弄到的？"

博物馆负责人有点谄媚又有点得意地回答："这是著名的托布鲁克战役中，您亲自制定的进攻计划书吧！"

"糊涂！"蒙哥马利生气地嚷，"这是我写给我老婆的私密情书。"

🎙 **趣味点评**

博物馆负责人因为害怕犯错，所以不加求证，就把一份不知内容的信放在大庭广众之下展览，等于把蒙哥马利先生的隐私公开给世人看。他本来是担心要是指出蒙哥马利的字迹潦草会引起蒙哥马利的不快，没想到最后把蒙哥马利惹怒了。归根结底，博物馆负责人出错的原因是他害怕犯错误。

不能因为害怕犯错误就不敢去尝试和求证。管理学家针对这一现象，提出了著名的"吉宁定理"。

♟ 管理学解读

"吉宁定理"是美国著名管理学家、多布林咨询公司总裁吉宁先生经过研究后得出的理论。这条理论告诉人们：真正的错误原因不是能力不足，而是害怕犯错。在我们的工作中，经常会出现这种现象。

管理者和员工不同，他肩负着更大的责任，倘若犯了错误，就会承担更大的风险，这风险甚至会大到惨不忍睹的地步。英国第二大建筑和服务提供商卡里利恩公司便是一个经典案例。

该公司是英国政府最大的合作建筑商，由于管理者的优秀运作，该公司不但拿下英国高铁二号线、曼彻斯特空港城等项目，而且还为英国铁路第二次大维护提供服务。在英国，卡里利恩公司有着举足轻重的位置。

然而，就是这家企业的管理者，在连续承包政府部门多达 450 个大项目后，公共部门出现了难以运转的问题。管理者也知道公共部门出现问题是因为公司承接了大量高风险低利润的政府项目，但即使是这样，管理者们也不敢停止和政府部门的项目合作，他们担心停止和政府部门合作，政府部门会为难他们，导致公司再无项目可接。

卡里利恩公司的管理者们因为害怕犯错，不敢去尝试停止拖累公司的政府项目，直接导致公司出现债务问题。但即使是这样，这些管理者们还是不敢去改变现状。他们就像该幽默故事的那个"博物馆负责人"一样，害怕停止合同会引起政府的不快，甚至不敢去说明情况，所以只能对"公司承接过量高风险低利润的政府项目"这一错误视而不见。

我们都知道，错误不改的话，情况只会越来越糟糕。卡里利恩的管理者任其错误发展，直接导致公司累计债务高达 15 亿英镑，公司股票也从每股近 200 便士下跌到 50 便士以下，卡里利恩最终破产。

这个血淋淋的案例告诉我们：企业管理者犯了错不可怕，可怕的是犯了错却不敢去求证并纠正，只是一味地一错再错。一定要记住，人无完人，管理者也是人，所做的决策并不总是完全正确的。管理者难免会做出错误的战略部署，这时千万不要忽略它、掩盖它，而是要及时找出错误的原因，并加以改正。因此管理者最难能可贵的就是不怕犯错，摔倒了爬起来再走就是，犯了错经过求证后，调整战略向正确的道路前进，才是最明智之举。

若林克彦是日本哈德洛克工业株式会社的创始人，他带领只有 45 名员工的公司专门制作螺母。从规模上来说，他的公司只是一家小企业，但他家制造的螺母却应用于全世界的铁路上。毫不夸张地说，只要有高铁的地方，就有哈德洛克螺母。

哈德洛克的螺母之所以在螺母界不可或缺，是因为它永不松动，没有任何一种螺母能够取代它。高速行驶的列车会使铁轨发生剧烈的震动，一般的螺母很容易被震飞而导致车祸灾难，只有永不松动的螺母才能避免这种灾难，而哈德洛克的螺母恰恰满足了这一点需求。世界上迄今为止只有哈德洛克的螺母具备这种功能，所以它拥有不可撼动的地位。

然而在创造这个局面之前，若林克彦也遇到过犯错误的情况。若林克彦刚开始研制出 Y 螺母时，号称该螺母永不松动。然而，这颗螺母并不如宣传的那么好，也有松动的时候。不过这已经是世界上唯一牢固的螺母了，客户们觉得这已经很难得，所以不但没有刁难他，还反过来安慰他。

但若林克彦却并不放弃纠正这个问题。他对员工们说："既然公开声明这种螺母是绝不松动的螺母，那就应该做到在任何条件下都不会松动。现在它会松动，就说明它是一个错误的产品，我们要纠正这个错误。"

若林克彦和员工们冥思苦想，翻遍了所有的手工艺古书，最后他们在古代结构建筑中的榫头上得到灵感，发明出带榫头的永不松动的螺母。这种螺母问世后被运用于日本所有的铁路干线上，后来又被运用到了全世界的铁路中，而铁路也从未出现螺母松动故障。

假如若林克彦在客户们都已经默许产品过关的时候，忽略掉螺母松动的问题，而不是去纠正。我们不难想象，在将来的某一天，就会出现不知哪个铁路段上因一颗螺母的松动而导致车毁人亡的大灾难，这个损失可比正视"螺母会松动"的错误要大得多。但因为若林克彦敢于面对当下的错误，从而避免了后来有可能出现的大错误。

如果幽默故事中的那个"负责人"能够像若林克彦这样敢于直面不识字的错误，也就可以避免犯下把将军的私人情书公之于众的大错。帕斯夸尔列夫说："不要担心犯错误，不要害怕失败。在前进的途中，你所有的错误和失败，都是通往成功的踏脚石。"

👍 日常应用

管理者在带领团队的过程中，总是不可避免地会犯一些错误。日常工作中，管理者经常会犯哪些错误呢？

1. 墨守成规

在这个科学技术迅猛发展的时代，无论外部环境还是内部环境，都是瞬息万变的，在这种环境下工作的管理者，最常犯的错误是"墨守成规"。一直固守着传统的经验和方法，就会被时代淘汰。所以管理者需要创新和改变。

2. 敢于承担

管理工作中首先要做的是战略部署。但外部环境变化太快，战略部署总会有跟不上形势发展的时候，而改动战略部署又是一件非常麻烦的事情，所以这时候很多管理者会选择将错就错。但这是错误的，我们要敢于承担战略部署的错误，并做出及时调整和修正，以确保企业永远行进在正确的道路上。

柯美雅定律：十全十美

韩国人和美国人聚在一起夸赞各自的国家，说着说着就相互取笑起来。

美国人说："韩国人没事的时候总爱申请世界文化遗产，可是往往所申请的项目都是邻国的远古文化。"

韩国人也不示弱，回敬说："美国人没事的时候总是怀念祖宗，可是一想到祖父一代，就不得不打住了。"

🎤 趣味点评

韩国人和美国人都想夸自己的国家十全十美，当对方不承认时就攻击对方，但他们忘了，世上从来没有绝对完美的事物。国家如此，做人如此，企业管理也是如此，切忌不要以为自己的产品是十全十美的，一旦有了这个错觉，就会在产品改革创新上止步不前。针对这种现象，管理学提出了"柯美雅定律"。

♟ 管理学解读

"柯美雅定律"是美国社会心理学家 M.R. 柯美雅提出来的。他说："世界上从来就没有十全十美的东西，任何东西都有改善的余地。"

而关于这一点，在中国最早的国学文化里就有体现。关于为人方面的相关言论有孔子的"人非圣贤，孰能无过"；关于事物方面的相关言论，则有墨子的"甘瓜苦蒂，天下物无全美"。这两句圣贤之语，都与柯美雅定律相契合，三者都可以用在管理学中，有着异曲同工之妙。

歌德说："十全十美是上天的尺度，而要达到十全十美的这种愿望，则是不可能的尺度。"这是一个客观存在的事实。但我们不能因此就放弃修正自己的产品，放弃让它变得更加完美的机会。

众所周知，当其他手机都还在用 4G 网时，华为公司已经打造出 5G 手机，在管理者们的带领下，华为已经攀上手机领域的巅峰。但他们并不觉得自己的产品是完美的，而是把目光投向 6G 技术。相信不久的将来，其他手机还没有进入 5G 时代时，不断创新的华为已经攀上 6G 的高峰。

这就是将柯美雅定律演绎得淋漓尽致的一个经典案例。这样的案例还有很多，比如 Facebook 公司的智能产品、谷歌公司的无人驾驶技术等。正是这些在追求十全十美的道路上永不止步的管理者，把我们的生活品质提升到一个又一个的高度。

我们大多数人不是这种引领世界科学技术变革公司的管理者，我们生产的是普通的产品，但这并不影响我们对产品做出精益求精的改进和创新。只要我们的产品时刻都在改进中，我们就能创造出一个与众不同并且引领潮流的产品来。

冯万良是 TCL 集团工业研究院云计算部的技术总监，他率领团队负责智能技术领域产品的研发和创新。而 TCL 之所以有今天的成就，正是他"从不相信世界上有十全十美的产品，任何产品都有改进的可能"这一定律的结果。

冯万良大学学的是无线电专业，当时中国还没有电子技术，第一台彩电核心部件的显像管生产线和电视芯片都是从国外引进的。冯万良毕业后进入电子技术领域，负责带领团队研发属于中国自己的电子产品。他夜以继日地泡在实验室里，经过无数个昼夜的研发，终于发明出了中国第一支彩色显像管。

这个产品的诞生，让冯万良和他的团队在中国电子技术领域写下了浓墨重彩的一笔，他完全可以为此骄傲一辈子。但冯万良没有这样做，他认为自己还可以在这个产品的基础上创新出更好的产品。于是他又钻进实验室对产品进行创新。没过多久，他就研发出 CRT、PDP 等电视电影显示技术的核心驱动。

这些技术产品的诞生，意味着中国的电子技术又提升到更高的层面。冯万良很开心，他也更加意识到自己完全有能力再创新产品。接下来，他率领团队将安卓 OS 操作系统引入到传统电视行业，最终形成自主的"TV + OS"技术，这是中国国内首次引入安卓 OS 操作系统，并实现了智能电视在中国的普及。随后他又主持研发液晶动态背光技术，并获得国家专利金奖。

冯万良和他的团队的成功，是冯万良坚持追求完美产品的结果。当今时代，管理者的企业发展之术在于创新，创新是一个让企业长久地立足于市场的根本。作为一名优秀的管理者，一定要在创新的路上一直走下去，否则随时都会有被淘汰出局的危险。

针对管理者所面对的产品不同，对产品的改进创新手段也有多种体现，有的需要严谨、专注和精致，比如冯万良打造的电子技术产品；有的需要细微和极致，比如日本树研工业公司打造的粉末齿轮产品。

松浦元男是树研工业的总裁，作为公司的管理者，他率领团队从提供手表和小型照相机的零部件入手，打造出精细到千分之二克的粉末齿轮。因为粉末齿轮的使用十分广泛，所以全球有很多家制作粉末齿轮的企业。只是这些企业在开始制作粉末齿轮后，便满足于已有的订单和规模，停止了继续更新设备，也不再研制创新，因此他们制作出来的粉末齿轮只能满足普通设备的需求。

相比之下，树研工业的粉末齿轮其微细程度居全球同类产品之首，因此产品一经出现，便受到世界各地名牌手表制造商们的青睐，订单如雪片般从全球各地蜂拥而来，树研工业也因此名声大噪。

在其他同行业看来，树研工业的产品已经堪称完美了。但松浦元男却不这样认为，他觉得自己的产品完全可以再改进，为此他督促员工们继续创新研发更加精细的产品。松浦元男精益求精的精神，让整个团队的成员都废寝忘食地钻研，几年后他们成功研制出十万分之一克的齿轮，这比之前千分之二克齿轮又轻了上万倍。

这种齿轮后来被运用到汽车仪表或手机的齿轮或螺丝上，为这些厂家提供了更加精细准确的零件，一时间，世界各地对树研工业好评如潮。但松浦元男面对铺天盖地的好评论却只是淡然回答："我们的产品并不十全十美，给我们一些时间，我们还可以创造出更精细的粉末齿轮来。"

果然，树研工业很快便推出了重量仅百万分之一克的齿轮。这是世界上迄今为止最小最轻的齿轮，有 5 个小齿、直径 0.147 毫米、宽0.08 毫米，不使用显微镜的话，是根本看不到这个齿轮的。由于它比粉末还要小，为了把它和其他粉末齿轮区分开来，所以称呼它为"小粉末齿轮"。

小粉末齿轮的诞生，震惊了世界。人们无法想象，人类竟然会掌握出如此周密细微的加工技术，而这个成果正是管理者松浦元男把柯美雅定律发挥到极致的成果。

在当今这个工业社会里，有许多优秀的管理者创新研发出很多近乎十全十美的产品，这些产品在同类产品中一直位于榜首，有的甚至能够保持长达几十年榜首的位置，无人能够超越。比如 iphone 手机、比如哈德洛克的螺母、比如小粉末齿轮。

身为一名管理者，在看到这些案例后，你对自己产品的创新是不是有了一些更积极、更乐观的态度呢？

👍 日常应用

产品的创新和改进是永无止境的。"创新"的方法多种多样，总结起来主要有三种。

1. 辛勤劳动

创新是一件枯燥而乏味的工作，需要我们日日夜夜专注于劳动。如果做不到这一点，就无法创新。所以辛勤劳动是创新的基石。

2. 诚实劳动

创新，是为了实现我们的梦想，创造美好的未来，而这一切都是以现实为出发点的。所以要尊重现实，客观地对待当前产品的优势和劣势，并用诚实的态度拓展优势，攻克劣势，才能创新出更好的产品。

3. 科学劳动

创新需要科学技术，在科学技术为第一生产力的时代，蛮干并不能让我们的产品更加完美。只有进行科学性的研发，才能创造出更优质的产品。